외움의 상법
-회사 설립 등을 바탕으로

수학연구사

목 차

머리말 ·· 1

Part 1. 학습 포인트 ··· 3

1. 상업사용인 ··· 4
2. 상호 ·· 7
3. 영업양도 ·· 9
4. 상행위 ··· 11
5. 상사매매 ··· 14
6. 주식회사의 설립 ·· 17
7. 주식과 주주 ·· 26
8. 주식의 양도 ·· 28
9. 이사회 대표이사 ·· 33
10. 이사의 의무 ··· 35
11. 자본의 증감 ··· 37
12. 합명회사 ··· 39
13. 합자회사 ··· 41
14. 어음수표법 ··· 44
15. 보험법 ··· 49
16. 해상법 ··· 53

Part 2. 학습의 팁 ·· 59
1. 풀어내는 식으로 공부하기 ··· 60
2. 대화 내지는 대화체를 염두에 두고 생각하기 ················· 65
3. 좋은 변화로 바뀌는 학습 주변 여건들이 변화 ················ 68
4. 심리적으로 긍정적 변화가 찾아온다 ······························· 71
5. 지식을 돌출 정도로 하려면 노래 암기가 최고다 ············ 73
6. 8진법 ·· 76
7. 전문 공부 ··· 82
8. 스타링크 ··· 88

머리말

세상 어디에서도 못 들어본 이야기들

이 책은 다른 책에서 가르쳐 주지 않는 이야기를 담았다. 왜 그리고 어떻게 그렇게 되는지 등에 대한 여러 가지 이야기를 많이 담으려고 노력했다. 고수들은 아는데 귀찮아서 이야기를 안 하는 그런 이야기들 말이다. 그래서 세상 어디에도 못 들어본 이야기들을 하려고 한다.

세상에서 제일 재밌는 게 공부라는 것을 깨닫게 될 것이다

솔직히 공부는 지겹다. 그런데 그 이유 중의 하나는 공부 자체가 지겨운 것보다도 공부의 접근 방법 자체가 잘못된 것이 크다. 그러기에 제대로 방법을 익히면 세상에서 제일 재밌는 게 공부라는 것을 깨닫게 된다.

시스템을 구축하고 지식을 계속 입력해서 넣는다

시스템이 구축된 가운데에서 이렇게 꾸준히 지식을 파일로 축적시키면서 나의 뇌에 넣는 게 진정한 지식활동, 진정한 지식재산 형성 활동이다. 그간 이렇게 잘 못했다고 생각한다면 필자를 통해서 바꿔보시라.

심지어 외국어까지도 암기에 도움이 된다면 다 끌어온다

암기는 수험생활의 거의 전부이다. 그러기에 수험자는 암기에 모든 것을 걸어야 한다. 그래서 모든 암기에 도움이 되는 수단을 다 가지고 온다. 심지어 외국어까지도 암기에 도움이 된다면 다 끌어온다. 여러분들의 조기합격에 도움이 된다면야 말이다.

쓰기를 같이 하는 공부가 습관화되어야 한다

공부를 하다보면 엄청난 양에 주로 읽기 위주의 공부를 하게 된다. 그러나 쓰기 즉 아주 많이는 아니어도 적당한 양부터 시작하는 쓰기 위주의 공부는 무척이나 중요하다. 그것을 아는 사람만이 부가 나오고 재산이 나오고 지식이 나온다. 써지지 않는 지식은 내 지식이 아니기에 말이다. 객관식이어도 그렇게 말이다.

Part 1. 학습 포인트

1. 상업사용인

-지배인이 영업주의 허락 없이 제3자의 계산으로 영업주의 영업부류에 속한 거래를 한 경우 영업주는 이로 인한 이득의 청구를 할 수 있다.

1) 최종암기(1)

(지배) 제삼 (계산) 이득-패션리더

패션리더와 유사격은 베스트드레서이다. 그에 대한 반대는 워스트드레서이다. 법 암기학자들은 그렇게 본다.

2)최종암기(2)

(지배) 제삼 (계산) 이득-명제상리슐리외

명제상리슐리외는 패션리더이기도 했다. 옷을 잘 입으니 잘도 주변도 꾸려서 나간다. 그러니 그는 제삼자의 계산으로 이득을 취한 사람에게 이득청구도 〈서슴없이〉 하는 사람이었다. 그러니 리더이면서 〈서슴없이〉 하는 사람이다. 리슐리외는 그를 중용한 루이십삼세와 짝을 이룬다. 암기학자들은 그렇게 본다.

-지배인이 개인적 목적을 가지고 어음행위를 했어도 객관적 성질상 이 어음행위는 영업주에게 효력이 미친다

1) 기본암기

어음영업주 지배인개인 {어프로치} 어음객관적 어음달라

2) 최종암기(1)

지배인 (개인) 어음-호랑이가집에어흥하고나타나다

3) 최종암기(2)

지배인 (개인) 어음-어음지폐

호랑이가 집에 어흥하고 나타나는 때에 어음이 지폐로 바뀌는 변화가 일어났다.

4) 최종이유적으로

기업의 지배인이 회사 이름으로 발행한 어음이 나중에 "사적 목적이었다"는 이유로 효력을 부정하게 되면, 거래 상대방은 극심한 불안정과 혼란에 빠지고, 어음 신용 및 상거래의 안정성이 무너진다. 그래서 혹 영업주가 억울하더라도 '그러게 그렇게 포괄적 대리권이 있는데 좀 제대로 뽑지'하고 이야기를 하게 된다.

-여관업에는 어음행위가 영업범위에 속하지 않는다

1) 기본암기

여관 어음 아니 : 여건부 : 대전료로 어음쓰지말아야해 : 주지마 못써먹어 : 여건부는 전설의 프로레슬러

2) 최종암기(1)

여관 어음-얼음장같은여관방

3) 최종암기(2)

여관 어음-어룡역원룸

이는 대전 지하철역 중의 하나이다. 얼음장 같은 여관방에서 골골하느니 어룡역 원룸 검색해서 방 구해서 지내는게 낫다.

2. 상호

-상호를 등기한 자가 정당한 사유 없이 2년간 상호를 사용하지 아니하는 경우에는 이를 폐지한 것으로 본다

1) 기본암기

상호등기 2년않폐지 {상감기법} 〈상호〉기법 〈상호〉2년

2) 최종암기(1)

이년 (상호) (폐지) 본다-이런경우는처음본다

3)최종암기(2)

이년 (상호) (폐지) 본다-이런 봉닭

이런 봉닭 같으니라구 나 참 이런 경우는 처음 본다. 장동민이 유상무에게 그렇게 말한다.

-명의대여자의 책임은 명의사용을 허락받은 자의 행위에 한하고 명의차용자의 피용자의 행위에 까지는 확장할 수 없다

1) 기본암기

차용 피용 아니 : 처용:역신중에서 처용: 불륜자가 피용하고 달아나지 아니했다고 봐야해 / 슈퍼스타: 감사용 중에서 감사용

암기해설: 불륜을 담고 있는 처용가에서 부인과 불륜을 맺은 사이가 피용(피용)하고 달아나지 않음에 대해서 제시하고 있다.

2) 최종암기(1)

차용 피용 (아니)-차홍룸미용실

3) 최종암기(2)

차용 피용 (아니)-사용비용

차홍룸미용실은 사용비용이 어마어마하다. 그래서 일반인 입장에서는 범접이 안 된다. 그래서 부정적이다.

3. 영업양도

-영업을 양도한 경우에 다른 약정이 없으면 양도인은 10년간 동일한 특별시 광역시 시 군과 인접특별시 광역시 시군에서 동종영업을 하지 못 한다

영업양도 10년간 {영양실조} 〈업둥이〉다 〈업보〉10년

-양도인이 동종 영업을 하지 아니할 것을 약정한 때는 동일한 특별시 광역시 시군 과 인접특별시 광역시 시군에 한하여 20년을 넘지 않는 범위에서 그 효력이 있다

1) 최종암기적(1)

약정 이십-약관이십

2) 최종암기적(2)

약정 이십-약정에 의한 이심

약관이십이 되었으니 약정에 의한 이심도 스스로 할 수 있는 때가 되었다. 성인이니 말이다. 남에게 의지하지 않고 말이다. 무릇 성인으로서 필요한 게 바로 그런 의젓하게 소송을 하는 것이라 말이다.

-상호를 속용하는 영업양수인이 양도인의 영업상 채무에 대하여 변제책임이 있는 경우에는 양도인의 채무는 영업양도 또는 광고 후 2년이 지나면 소멸한다

1) 최종암기(1)

속용 이년-서경석이윤석

2) 최종암기(2)

속용 이년-인형조형물

서경석과 이윤석을 사이좋게 만든 인형조형물을 세운다. 명문대를 소망하는 엄마들이 만들었나 보다. 공무원 합격은 에드윌하면서 에드윌이 만들었을 수도 있다.

4. 상행위

-상법 제48조 (대리의 방식)를 보면 상행위의 대리인이 본인을 위한 것임을 표시하지 아니하여도 그 행위는 본인에 대하여 효력이 있다. 그러나 상대방이 본인을 위한 것임을 알지 못한 때에는 대리인에 대하여도 이 이행의 청구를 할 수 있다

1) 최종암기적으로(1)

알못 대리-데빌스애드버킷악마의대리인

2) 최종암기적으로(2)

알못 대리-알몸체위

악마의 대리인이 알몸체위로 사람을 망치고 유혹한다. 알몸체위의 반대는 플라토닉러브개념이다.

-개업 준비행위를 할 때 상인자격을 취득한다

1) 최종암기(1)

준비 자격-자격증준비중

자격증준비중의 상태는 취업준비중의 상태이다.

2) 최종암기(2)

준비 자격-준비사격

자격증 준비 중에 시험 보러가서 준비사격식으로 해본다. 만반의 준비이다. 준비사격의 대비개념은 본사격이다.

-대법원 2010. 10. 14. 선고 2010다32276 판결 [부당이득금반환] [공2010하,2081]에 따를 때, 교통사고 피해자가 가해차량이 가입한 책임보험의 보험자로부터 사고로 인한 보험금을 수령하였음에도 자동차손해배상 보장사업을 위탁받은 보험사업자로부터 또다시 피해보상금을 수령한 것을 원인으로 한 위 보험사업자의 피해자에 대한 부당이득반환청구권에 관하여는 상법 제64조가 적용되지 아니하고, 그 소멸시효기간은 민법 제162조 제1항에 따라 10년이라고 봄이 상당하다. 여기서 왜 10년이 적용? 특히 여기서 청구자가 경제적 약자가 아닌 강자인 보험회사인데 말이다?

최종이유적으로

왜 10년 소멸시효가 적용되는가? 이것은 청구권의 법적 성질이 '상행위'가 아니기 때문이다. 상법 제64조는 "상행위로 생긴 채권"은 5년간 행사하지 않으면 소멸시효 완성된다고 규정한다. 하지만 부당이득반환청구권은 "불법행위나 계약 위반"이 아닌, 법률상 원인 없이 받은 이익을 반환하라는 민사적 청구권이다. 즉, 거래행위(상행위)에 수반된 채권이 아니므로 상법이 아니라 민법이 적용된다. 강약의 문제로 접근할거는 아니다.

5. 상사매매

-상법 제53조 (청약에 대한 낙부통지의무)상인이 상시 거래관계에 있는 자로부터 그 영업부류에 속한 계약의 청약을 받은 때에는 지체 없이 낙부의 통지를 발송하여야 한다. 이를 해태한 때에는 승낙한 것으로 본다. 이 취지나 근거는?

최종이유적으로

상시적으로 거래가 있으니 이번에도 체결이라고 생각한다. 즉 여기서의 답은 상시적 거래관계라는 말에서 바로 나옴에 대해서 국어적으로 잘 파악을 하고 있어야 한다.

-선고 94다38342 판결 [손해배상(기)] [공1995.8.15.(998),2792]에 의하면 상사매매에 관한 상법69조의 목적물 검사와 하자통지의무는 상법에 아무런 규정이 없는 이상 상인간의 수량을 지정한 건물의 임대차 계약에 준용될 수 없다. 어떤 점에서 어떤 근거로 안 된다는 것인가?

최종이유적으로

결국 이는 매매에 적용되는 규정이어서 임대차에는 적용이 안 되기에 바로 통지를 안 해도 임차인은 손배 청구가 가능하기에 임차인에게 유리한 규정이 된다.

-상인간 매매에서 매수인의 목적물 검사와 하자통지의무를 정한 상법 69조는 채무불이행에 해당하는 이른바 불완전이행으로 인한 손해배상책임에는 적용되지 아니한다. 그 논리와 이유는?

최종이유적으로

이 조항은 담보책임이 있을 때 즉 무과실책임인 담보책임이 있을 때, 그에 대해서 처리를 해주기 위한 규정이지, 그래서 공급자의 부담을 줄이기 위한 규정이지 과실책임은 불완전이행까지 그것을 하기 위한 것은 아니다. 그래서 안 된다.

-대법원 1999. 1. 29. 선고 98다1584 판결 [손해배상(기)] [공1999.3.1.(77),364]에 의하면, 상법 제69조는 상거래의 신속한 처리와 매도인의 보호를 위한 규정인 점에 비추어 볼 때, 상인간의 매매에 있어서 매수인은 목적물을 수령한 때부터 지체 없이 이를 검사하여 하자 또는 수량의 부족을 발견한 경우에는 즉시 매도인에게 그 통지를 발송하여야만 그 하자로 인한 계약해제, 대금감액 또는 손해배상을 청구할 수 있고, 설령 매매의 목적물에 상인에게 통상 요구되는 객관적인 주의의무를 다하여도 즉시 발견할 수 없는 하자가 있는 경우에도 매수인은 6월 내에 그 하자를 발견하여 지체 없이 이를 통지하지 아니하면 매수인은 과실의 유무를 불문하고 매도인에게 하자담보책임을 물을 수 없다고 해석함이 상당하다. 여기에서 그러면 6월 지나고 하자 발견 안 되면 다 끝인 것인가?

최종이유적으로

그렇다. 6개월은 상법 제69조의 "합리적 기한"이다. 조문에는 구체적인 숫자는 없지만, 판례는 "늦어도 6개월 이내"라는 해석을 확립했다. 이 기간이 지나면, 설령 은폐된 하자라도 담보책임은 종료된다.

6. 주식회사의 설립

-모집설립의 경우에 검사인은 변태설립사항을 조사하여 보고서를 작성한 후 법원이 아닌 창립총회에 제출해야 하는데, 발기설립과 대비해서 왜 법원에 최종 제출은 하지 않는가?

최종이유적으로

모집설립에서는 회사가 아직 성립되기 전이므로 최종적으로 회사의 성립 여부를 스스로 판단·결정할 주체인 창립총회가 검사인의 보고서를 받아 보고 회사의 설립을 승인할지 여부를 직접 판단해야 하기 때문이다. 반면 발기설립은 회사가 이미 성립된 상태이므로, 검사인은 법원에 보고하여 사후적 통제를 받는 구조다.

-회사가 발행할 주식의 총수는 정관의 절대적 기재사항이다: 암기

1) 기본암기

총수 절대 : 절대음악바하 : 음표의 총수를절대제한해야해 :공식대로 해야해

2) 최종암기(1)

총수 절대-설대청소노동자

3) 최종암기(2)

총수 절대-정수의절대값

정수의 절대값 구하기는 수학에서도 문제되지만 주로 C 언어에서도 문제가 많이 되는 프로글매의 툴로서 작용한다.

4) 상법의 다른 부분에서 '절대값'을 이용해서의 제시

한주 절대 -절대함수

한주 절대-설대한수위다

-(절대값이라는 점에서의 다른곳에서의 언급)-액면주식상의 한주의 금액도 절대적 정관기재사항이다

1) 최종암기(1)

한주 절대 -절대함수

2) 최종암기(2)

한주 절대-설대한수위다

절대함수 분야에서는 설대수학과가 한수위리고 본다

-왜 변태설립사항이라는 이름을 붙이는가?

최종이유적으로

"변태설립사항"이란, 회사 설립 시 일반적인 절차와는 다른 특수하고 예외적인 방식 또는 내용을 수반하는 사항을 의미한다. 왜 이런 용어를 쓰는가? 그 이유는 일반적인 설립 방식과 다르기 때문이다. 대부분의 회사는 금전출자로 설립되며, 자산을 인수하거나 특정인에게 이익을 부여하는 일은 없다. 그런데 이런 방식은 회사 재산의 공정한 평가, 투명성, 제3자 보호 등에서 위험을 초래할 수 있으므로 일반적 방식과 구별된다. 그래서 엄격한 규제가 필요하다. 변태설립사항은 회사의 자본, 재산, 이해관계에 중대한 영향을 미칠 수 있기 때문에 정관에 반드시 기재해야 하고, 검사인의 조사 등 특별 절차를 거치게 한다.

이해를 돕는 비유를 하면 일반적인 설립 = 평범한 건물 건축, 변태설립 = 특이한 재료(예: 얼음, 종이)나 특수한 조건으로 건축하려는 경우이다. 그래서 더 엄격한 허가, 심사가 필요하다.

-변태설립사항은 원칙적으로 발기설립의 경우에는 이사의 청구로 법원이 선임한 검사인이 조사한다. 왜 이때 발기인의 청구가 아니라 이사의 청구인가? 모집설립이 발기인이 청구해서 검사인을 선임하는 것과의 차이는?

최종이유적으로

모집설립에서는 회사가 성립되기 전에 일반 공모를 통해 주주를 모집하고, 주식청약을 받아 성립을 추진하는 구조이기 때문에 회사가 아직 성립되지 않은 상태에서 변태설립사항의 조사가 이루어져야 하며, 이 시점에는 아직 이사가 존재하지 않기 때문에 발기인이 청구권자가 되는 것이다.

-액면주식상의 한주의 금액도 절대적 정관기재사항이다

1) 기본암기

한주 절대: 이한주(기본소득정책창시자) : 기본소득 절대해야해: 양보못해

2) 최종암기(1)

한주 절대 -절대함수

3) 최종암기(2)

한주 절대-설대한수위다

절대함수 분야에서는 설대수학과가 한수위리고 본다

-대법원 2006. 6. 2. 선고 2006도48 판결 [유가증권위조·위조유가증권행사·상법위반·공정증서원본불실기재·불실기재공정증서원본행사][공2006.7.15.(254),1296]에 따를 때, 상법 제628조 제1항의 납입가장죄는 회사의 자본충실을 기하려는 법의 취지를 해치는 행위를 단속하려는 것인바, 회사가 신주를 발행하여 증자를 함에 있어서 신주 발행의 절차적, 실체적 하자가 극히 중대한 경우 즉, 신주발행의 실체가 존재한다고 할 수 없고 신주발행으로 인한 변경등기만이 있는 경우와 같이 신주발행의 외관만이 존재하는 소위 신주발행의 부존재라고 볼 수밖에 없는 경우에는 처음부터 신주발행의 효력이 없고 신주인수인들의 주금납입의무도 발생하지 않으며 증자로 인한 자본 충실의 문제도 생기지 않는 것이어서 그 주금의 납입을 가장하였더라도 상법상의 납입가장죄가 성립하지 아니한다. 왜 성립하지 않는다고 봤는가? 이렇게 보면 오히려 더 심하게 나쁜 경우인데 좀 혜택을 주는 것인가?

최종이유적으로

실제로 이 점에 대해 학계·실무에서도 비판이 있다. 실질적으로 보면, '납입이 있었던 것처럼 가장하면서 등기까지 해버린' 경우보다 '애초에 신주발행도 없었고 납입도 없는데 등기만 한' 경우가 더 중대한 불법일 수 있다. 하지만 형법의 원칙상 구성요건에 해당하지 않으면 아무리 비도덕적이라도 처벌할 수 없다는 것이 대법원의 입장이다.

대법원은 이 사건에서, 상법상 납입가장죄의 전제가 되는 '유효한 신주발행'이 존재하지 않으므로, 주금납입의무 자체가 성립하지 않았고, 따라서 그 납입을 '가장'하는 행위 역시 성립할 수 없다고 판단했다. 즉, 납입가장죄는 형식상 신주발행이 적법하게 이루어진 상황을 전제로 하며, 그에 대한 "허위 납입"을 형사처벌하는 조항이지, 신주발행 자체가 무효인 경우까지 처벌 대상으로 확장하지는 않는다는 입장이다.

-대법원 2011. 9. 8. 선고 2011도7262 판결에 따르면 甲 주식회사의 사실상 경영자인 피고인이, 乙에게서 돈을 차용하여 가장납입의 방법으로 甲 회사의 유상증자에 참여한 후 乙이 납입한 주금 해당액을 바로 인출하여 자기앞수표로 반환하였는데, 이후 회계감사에 대비하여 위 수표를 乙에게서 잠시 돌려받아 甲 회사 계좌에 입금한 뒤 다시 해당 금액을 인출하여 변제한 사안에서, 피고인이 주금 가장납입의 방법에 의한 납입금에 해당하는 금액을 자기앞수표로 인출한 것이 甲 회사에 실질적으로 귀속되는 회사 자금의 횡령행위라고 볼 수 없음은 원심이 인정한 바와 같으나, 나아가 회계감사에 대비하여 수표를 甲 회사에 일시 반환하도록 하였다가 다시 인출하여 돌려준 사정만으로는 위 돈이 甲 회사에 실질적으로 귀속된 것으로 볼 수 없고, 오히려 위 인출 및 반환과 재인출 경위에 비추어 이는 즉시 반환이 예정된 일시 차용에 불과하여 그 실질은 위 가장납입금의 당초 약정에 따른 종국적 인출행위라고 보는 것이 타당하므로, 이러한 행위를 들어 피고인에게 甲 회사의 돈을 임의로 유용한다는 불법영득의사가 존재한다고 볼 수 없어서 횡령죄는 구성되지 않는다. 왜 횡령죄가 안 된다고 봤는가?(구298)

최종이유적으로

대법원 판단의 실질은 '회사 귀속 아님' → 회사 재산 아님으로 봤다. 회계감사에 대비해 잠시 수표를 돌려받아 회사 계좌에 입금한 것이므로, 이는 처음부터 잠시 맡긴 것에 불과한 일시 입금이다. 즉, 실질은 회사에 귀속된 자금이 아닌 '일시적인 예치'에 불과하고, 다시 인출한 것도 처음 약정된 '가장납입 구조'의 연장선에 있다고 판단했다. 즉 단순히 회사 계좌에 입금되었다고 해서 모든 돈이 회사 소유가 되는 것은 아니다. 그 자금의 입금 경위, 목적, 향후 흐름 등을 종합적으로 고려해 실질적인 귀속 여부를 따져야 한다는 것이다. 회계 상 일시 입금이라는 형식만으로 형사상 회사 자금을 유용했다고 단정할 수는 없다고 본 것이다.

여기서 학계에서는 좀 너무 좁게 본거 아니냐는 비판의 의견도 존재한다.

최종암기적으로

횡령으로 다른 유사 것들이 일단 많지 않아서 암기까지는 일단 시도하지 않는다.

-대법원 2004. 3. 26. 선고 2002다29138 판결 [전부금] [공2004.5.1.(201),709]에 따르면, 주식회사의 자본충실의 요청상 주금을 납입하기 전에 명의대여자 및 명의차용자 모두에게 주금납입의 연대책임을 부과하는 규정인 상법 제332조 제2항은 이미 주금납입의 효력이 발생한 주금의 가장납입의 경우에는 적용되지 않는다고 할 것이고, 또한 주금의 가장납입이 일시 차입금을 가지고 주주들의 주금을 체당납입한 것과 같이 볼 수 있어 주금납입이 종료된 후에도 주주는 회사에 대하여 체당납입한 주금을 상환할 의무가 있다고 하여도 이러한 주금상환채무는 실질상 주주인 명의차용자가 부담하는 것일 뿐 단지 명의대여자로서 주식회사의 주주가 될 수 없

는 자가 부담하는 채무라고는 할 수 없다. 여기서의 사실관계와 판시의 취지는?

1) 최종이유적으로

이유에 대해서는 좀 형식적인 것들 즐 실질적인 사람이 책임을 져야 한다. 정도가 있어서 암기를 시도한다.

2) 최종암기적으로(1)

가장 차용-가정파괴범사형

3) 최종암기적으로(2)

가장 차용-자동차용가전

자동차용가전으로 가정을 파괴한자들에게 사형을 내린다.

-주식회사를 설립하면서 일시적인 차입금으로 주금납입의 외형을 갖추고 회사 설립절차를 마친 다음 바로 그 납입금을 인출하여 차입금을 변제하는 이른바 가장납입의 경우에도 주금납입의 효력을 부인할 수는 없다고 할 것이어서 주주의 주금납입의무도 종결되었다고 본다, 여기서 나중에 설립 후에 차입금을 어차피 빌려오는 모습으로 갈 것이기에 그래서 사전에 하나 사후에 하나 상관없다 같은 논리가 작용해서 유효로 봤는가?

최종이유적으로

사전 차입이든, 사후 차입이든, 실질은 같기 때문이다. 즉 자금을 조달하는 방식은 다양하다. 주주가 자기 돈으로 납입 후 회사가 다시 주주에게 빌릴 수도 있다. 주주가 제3자로부터 빌려 일시 납입하고 곧 변제해도 마찬가지이다. 결국 회사에 납입금이 실제로 예치되었고, 설립 등기에 사용되었으면, 차입의 시점이 사전이냐, 사후냐는 중요하지 않다는 관점이다. 즉 설립 자체를 부정하는 것은 법적 안정성을 해친다. 회사를 이미 설립하고 등기까지 마쳤다면, 단순히 '형식적으로 가장된 납입'만으로 설립 무효로 보기엔 지나치다. 이론상 설립무효가 가능하더라도, 법원은 형식적 요건을 갖춘 이상 설립 유효·납입 완료로 보고 정리하는 경향이다. 단, 이는 납입효력을 "무조건 정당화"하는 건 아니다. 즉 형식은 갖췄지만, 납입이 전혀 없거나, 허위문서를 제출하거나, 회사계좌로의 입금조차 없었던 경우에는 납입이 부정될 수 있고, 형사처벌 대상이 될 수도 있다. 이럴 경우엔 상법상 납입가장죄 등이 성립한다.

7. 주식과 주주

-개정 전 상법은 전환주식의 전환권은 주주에게만 인정하였으나 개정법에서는 회사에 대해서도 인정한다. 그 취지는?

1) 최종이유적으로

기업의 자금조달 유연성 확보 때문이다. 예전에는 전환권이 주주의 선택에만 달려 있었기 때문에, 회사 입장에서는 자본구조를 능동적으로 조정할 수 없었다. 개정 후 회사가 일정 요건 하에 전환권을 행사할 수 있게 되어, 자본구조 조절, 재무전략 실행에 유리해진다. 그래서 예시로 우선주를 보통주로 바꾸어 의결권 구조 조정이 가능하다. 또한 국제적 자본시장 제도와의 정합성 확보측면도 있다. 미국, 일본 등 주요국에서는 회사도 전환권을 행사할 수 있다. 글로벌 스탠다드에 부합하는 방향으로 제도를 정비한 것이다. 그래서 투자자와 회사 간 계약 자유 확대를 시킨다. 주주와 회사 간에 전환조건, 시기, 방법 등을 자율적으로 설정할 수 있도록 한다. 이는 상법의 전반적인 개정 방향(계약자유 확대, 탄력적 자본제도)에 부합한다.

그러나 균형적으로 투자자 보호와 균형 고려도 고려한다. 회사 전환권이 남용될 가능성에 대비해, 정관 또는 주식발행 시에 미리 명시해야 한다. (임의규정 아님) 그래서 사전 공시와 정관통제 장치로 투자자 보호 도모한다.

2) 최종암기적으로(1)

전환 회사(도)-회사핫라인직통전화

3) 최종암기적으로(2)

전환 회사(도)-회사가 정산의무가 있다

-제530조의3(분할계획서·분할합병계약서의 승인)에서 회사가 분할 또는 분할합병을 하는 때에는 분할계획서 또는 분할합병계약서를 작성하여 주주총회의 승인을 얻어야 한다. 이때 승인결의에는 의결권이 배제되는 주주도 의결권이 있다. 그 이유나 논리는?

최종이유적으로

자기 권리의 본질적 변동이 있기 때문이다. 회사 분할 또는 분할합병은 주주의 지위에 중대한 영향을 미치는 구조변경이다. 예를 들어 회사를 분할하면 자산과 부채가 나뉘고, 새 회사의 주식을 배정받게 되며, 기존 회사가 해산하거나 소멸하기도 한다. 따라서 의결권이 없는 주주라도 본인의 권리와 이해관계가 중대하게 변동되므로, 그 결의에 참여할 권리가 인정되어야 정당하다.

8. 주식의 양도

-대법원 2007. 5. 10. 선고 2005다60147 판결 [제명처분무효확인] [공2007.6.15.(276),853]에 따를 때, 주주 간의 분쟁 등 일정한 사유가 발생할 경우 어느 주주를 제명시키되 회사가 그 주주에게 출자금 등을 환급해 주기로 하는 내용의 규정을 회사의 정관이나 내부규정에 두는 것은 그것이 회사 또는 주주 등에게 생길지 모르는 중대한 손해를 회피하기 위한 것이라 하더라도 법정사유 이외에는 자기주식의 취득을 금지하는 상법 제341조의 규정에 위반되므로, 결국 주주를 제명하고 회사가 그 주주에게 출자금 등을 환급하도록 하는 내용을 규정한 정관이나 내부규정은 물적 회사로서의 주식회사의 본질에 반하고 자기주식의 취득을 금지하는 상법의 규정에도 위반되어 무효이다. 왜 여기서 그냥 좀 봐주지 않고 무효로 강하게 단정하는가?

최종이유적으로

자기주식취득 금지(상법 제341조)는 자본충실 원칙의 핵심이기 때문이다. 즉 자기주식 취득 금지는 회사 자산이 무분별하게 유출되어 회사 자본금이 깎이는 것을 막기 위한 강행규정이다. 회사가 주주를 제명하면서 출자금 상당액을 돌려준다는 건 사실상 회사가 그 주주의 주식을 사주는 셈이기 때문에 이는 곧 자기주식의 취득이다. 그런데 상법은 법정 예외사유가 아닌 경우, 자기주식 취득은 원칙적으로 금지한다. (상법 제341조, 제341조의2 등) 따라서 이건 "사적인 합의"나 "정관규정"으로 해결될 수 있는 문제가 아니며, 강행법규 위반 → 무효라는 단정이 나오는 것이다. 또한 주식회사는 물적회사로써 주주는 "자본을 낸 대가로 지분을 가진 존재"일 뿐, 주식회사는 사람(주주)이 아니라 자본 중심으로 결합된 조직체다. 따라서 일단 주식을 인수하고 자본금이 납입되면, 회사의 자본은 회사의 것이고, 주주는 지분권만 가질 뿐 '자기 돈 돌려달라'고 못 한다. 그런데 회사가 임의로 주주를 제명하고 "출자금 환급"까지 하면? 이는 마치 조합이나 사단법인처럼 인적결합체처럼 운영되는 셈이며, 이는 주식회사 제도의 본질 자체를 훼손하는 결과가 된다. 그래서 이 원칙을 완화하면 자본충실이 무너지고, 경영권 분쟁 시 회사 자금으로 '원치 않는 주주'를 쫓아내는 수단이 될 수 있다. 그래서 강하게 무효라고 한다.

-상법 제333조 (주식의 공유)①수인이 공동으로 주식을 인수한 자는 연대하여 납입할 책임이 있다. ②주식이 수인의 공유에 속하는 때에는 공유자는 주주의 권리를 행사할 자 1인을 정하여야 한다. ③주주의 권리를 행사할 자가 없는 때에는 공유자에 대한 통지나 최고는 그 1인에 대하여 하면 된다. 여기서 3항의 행사할 자가 없는 때라는 것이 어떤 상황인가?

최종이유적으로

"주주의 권리를 행사할 자가 없는 때" 주식을 공유하는 여러 명이 ②항에 따라 대표자를 지정하지 않은 경우를 말한다. 그러면 회사는 누구에게 통지하나? 공유자 중 아무나 1인에게 통지하면 유효하다고 하는 것이다. 왜 이런 규정을 만들었나? 회사의 업무 편의성과 공유자들의 지정 지연에 따른 법적 공백 방지 목적이다. 이 규정은 회사가 의무를 형식적으로 이행했음을 보호해주는 규정이다. 그러나 실제로는 공유자들 사이에서 주총 참석, 의결권 행사, 배당청구 등을 두고 분쟁이 자주 발생하기 때문에 상법은 ②항에서 반드시 대표자 지정을 유도하는 구조를 취하고 있다.

-대법원 2018. 10. 12. 선고 2017다221501 판결 [공탁금출급청구권확인 청구의 소] [공2018하,2091]에 따르면, 회사성립 후 또는 신주의 납입기간 후 6월이 지나도록 주권이 발행되지 않아 주권 없이 채권담보를 목적으로 체결된 주식양도계약은 바로 주식양도담보의 효력이 생기고, 양도담보권자가 대외적으로는 주식의 소유자가 된다. 주권발행 전 주식의 양도담보권자와 동일 주식에 대하여 압류명령을 집행한 자 사이의 우열은 주식양도의 경우와 마찬가지로 확정일자 있는 증서에 의한 양도통지 또는 승낙의 일시와 압류명령의 송달일시를 비교하여 그 선후에 따라 결정된다. 이때 그들이 주주명부에 명의개서를 하였는지 여부와는 상관없다. 여기서 왜 명의개서와는 상관없다고 하는가?

최종이유적으로

주권 미발행 주식은 '지명채권'처럼 다뤄진다. 즉 주권이 발행되지 않은 주식은 유가증권이 아니며, 본질적으로 지명채권처럼 취급된다. 따라서 양도담보든, 양도든, 또는 압류든 "통지 또는 승낙"이 효력 발생의 기준이 된다. (민법 제450조 등) 즉 주권이 없는 상태에서는 명의개서가 소유권 이전 또는 우열 판단의 기준이 아니다. 주주명부 명의는 단지 '회사에 대한 관계'에 불과하다. 명의개서는 상법상 회사에 대한 대내적 권리 행사 요건일 뿐, 제3자 간 우열 또는 권리 선후 판단 기준은 아니다. 즉, 명의개서는 배당, 의결권 행사 등 "회사에 대한 주주로서의 권리 행사"에는 중요하지만, "채권자들 사이의 권리 충돌 시 우열 판단"에는 영향을 주지 않는다. 그럼 결국 확정일자 있는 통지/승낙이 '객관적 우선순위 판단 기준'이 된다. 제3자 간 권리 충돌(예: 담보권 설정 vs 압류)은 형식적·객관적 기준이 필요하다. 따라서 대법원은 일관되게 확정일자 있는 증서에 의한 통지/승낙의 시점과 압류명령의 송달 시점 이 둘 중 먼저 도달한 쪽을 우선하도록 판단한다. 왜냐? 명의개서는 언제든 형식적으로 바뀔 수 있으므로, 권리보호의 객관적 기준으로 삼기엔 부족하다고 본 것이다.

-대법원 2010. 4. 29. 선고 2009다88631 판결 [영업등양도·양수계약무효확인]에서 그런데, 주권발행 전 주식이 양도된 경우 그 주식을 발행한 회사가 확정일자 있는 증서에 의하지 아니한 주식의 양도 통지나 승낙의 요건을 갖춘 주식양수인(이하 '제1 주식양수인'이라 한다)에게 명의개서를 마쳐 준 경우, 그 주식을 이중으로 양수한 주식양수인(이하 '제2 주식양수인'이라 한다)이 그 후 회사에 대하여 양도 통지나 승낙의 요건을 갖추었다 하더라도, 그 통지 또는 승낙 역시 확정일자 있는 증서에 의하지 아니한 것이라면 제2 주식양수인으로서는 그 주식 양수로써 제1 주식양수인에 대한 관계에서 우선적 지위에 있음을 주장할 수 없으므로, 회사에 대하여 제1 주식양수인 명의로 이미 적법하게 마쳐진 명의개서를 말소하고, 제2 주식양수인 명의로 명의개서를 하여 줄 것을 청구할 권리가 없다고 할 것이다. 따라서 이러한 경우 회사가 제2 주식양수인의 청구를 받아들여 그 명의로 명의개서를 마쳐 주었다 하더라도 이러한 명의개서는 위법하므로 회사에 대한 관계에서 주주의 권리를 행사할 수 있는 자는 여전히 제1 주식양수인이라고 봄이 타당하다. 왜 굳이 확정일지 있는 증서임을 요구하는가? 그리고 왜 이때 제2 주식양수인의 청구는 위법하게 보는가?

최종이유적으로

왜 '확정일자 있는 증서'가 요구되는가? 이중양도의 분쟁 예방 및 거래 안정성 확보 때문이다. 주권 미발행 상태의 주식은 서류만으로 양도되기 때문에, 누가 먼저 양수했는지를 증명하기 어렵고, 허위 주장이 난무할 수 있다. 그래서 "양도 통지 또는 승낙이 있었다"는 것을 객관화하기 위해 법원은 '확정일자 있는 증서'를 요구한다. 이것은 결국 제3자에게는 효력이 있으려면 확정일자 있는 증서를 요구하는 것과 유사한 상황과 논리가 된다. 그리도 어쨌건 둘 다 확정일자 없다면 이 상황에서는 제1주식양수인이 먼저 도착했기에 우선권이 있다. 그러니 2양수인에 대한 것은 위법하다.

9. 이사회 대표이사

-대법원 2004. 12. 10. 선고 2004다25123 판결 [퇴직금등] [공2005.1.15.(218),107]에 따를 때, 상법 제388조에 의하면, 주식회사 이사의 보수는 정관에 그 액을 정하지 아니한 때에는 주주총회의 결의로 이를 정한다고 규정되어 있는바, 이사에 대한 퇴직위로금은 그 직에서 퇴임한 자에 대하여 그 재직 중 직무집행의 대가로 지급되는 보수의 일종으로서 상법 제388조에 규정된 보수에 포함되고, 정관 등에서 이사의 보수 또는 퇴직금에 관하여 주주총회의 결의로 정한다고 규정되어 있는 경우 그 금액·지급방법·지급시기 등에 관한 주주총회의 결의가 있었음을 인정할 증거가 없는 한 이사의 보수나 퇴직금청구권을 행사할 수 없다. 왜 여기서 보수에 해당한다고 봤으며, 이러면 해당이사에게 유리한것인가 불리한 것인가?

최종이유적으로

나오는 이유 설시들이 암기에 도움이 되게 크게 인상적인 것이 없다. 그래서 이는 암기를 통해서 외워야 한다.

최종암기적으로(1)

위로 보수 (아니)-수험생위로버스

대치동같은데서는 볼수 있다

최종암기적으로(2)

위로 보수 (아니)-의료보수가격

병원에서 진료를 보기 전에 보고나서 주는 가격에 대한 이야기이다.

10. 이사의 의무

-대법원 2002. 7. 12. 선고 2002다20544 판결 [대여금] [공2002.9.1.(161),1952]에 의하면, 회사의 채무부담행위가 상법 제398조 소정의 이사의 자기거래에 해당하여 이사회의 승인을 요한다고 할지라도, 위 규정의 취지가 회사 및 주주에게 예기치 못한 손해를 끼치는 것을 방지함에 있다고 할 것이므로, 그 채무부담행위에 대하여 사전에 주주 전원의 동의가 있었다면 회사는 이사회의 승인이 없었음을 이유로 그 책임을 회피할 수 없다. 여기서 왜 주주전원의 사전동의를 이사회 승인하고 맘먹게 보는가?

1) 최종이유적으로

이에 대한 근거로 나온 것들은 뚜렷하게 인상적인 것들이 없다. 그래서 암기를 시도한다.

2) 최종암기적으로(1)

전원 자기 (회사책임)-자기전원모터

스스로의 전원을 가지고 움직이는 모터이다.

3) 최종암기적으로(2)

전원 자기 (회사책임)-전원자기소개

나는솔로 프로에서 하는 전원자기소개인데 거기서 자기전원모터를 파는 사장님도 나온다.

11. 자본의 증감

-준비금의 성질에 대해서 확실히 알아야 한다

최종이유적으로

준비금은 크게 법정준비금과 임의준비금으로 크게 나눠진다. 이것을 반드시 알아야 한다. 그리고선 그 법정준비금은 자본준비금과 이익준비금으로 나눠진다. 현금배당액의 10분의 일을 자본의 1/2에 해당할 때까지 법정준비금으로 적립한다. 단 그게 1/2을 넘어가면 그때부터는 임의 준비금의 성질을 가진다. 그것도 확실히 암기를 해둬야 한다.

그런 후에 다시 자본준비금과 이익준비금을 좀 나눠서 생각을 하면 후자인 이익준비금은 그야 말로 이익이 나서 그 잉여로서 쌓아두는 준비금이다. 그리고 자본준비금은 그런 이익외의 요소로서 즉 자본준비금은 영업상의 이익 이외의 특수한 잉여금으로서 적립하는 법정준비금이다. 회사의 영업거래로부터 생긴 이익이 아닌 자본잉여금을 재원으로 하는 법정준비금이다.

마지막으로 정리해둘 것은 준비금의 자본전입이 가능한 것은 법정준비금에 한한다. 그게 임의 준비금 영역까지 가면 주주의 이익을 많이 해치기에 말이다, 배당은 안해주고 말이다.

-준비금은 법정준비금과 임의준비금으로 나눠진다: 암기

1) 최종암기적으로(1)

법준 임준-나폴레옹법전인준

2) 최종암기적으로(2)

법준 임준-평균임금

나폴레옹법전인준으로 평균임금개념이 확립이 되었다. 인간권리 중에서 노동권을 중시한 법전이다

-준비금 중에서 임의 준비금은 자본준비금과 이익준비금으로 나뉜다

1) 최종암기적으로(1)

자준 이준-이중자전거좌물쇠

2) 최종암기적으로(2)

자준 이준-자전축이전

자전축이전으로 다소 흔들려도 이중 자전거 좌물쇠를 해서 튼튼하다. 지구과학현상의 접목이다.

12. 합명회사

-회사성립 후에 가입한 사원은 가입 전에 생긴 회사 채무에 대하여도 다른 사원과 동일한 책임을 진다

1) 최종이유적으로

이자는 단순한 투자자가 아니라 무한 책임을 져야 하는 거의 회사의 실체와 다름이 없는 자이기에 말이다.

2) 최종암기적으로(1)

다만 암기적으로 이유부분에 아주 인상적인 표현이 없기에 암기를 시도한다.

후에 무한 -투에 무와-toi et moi 너와 나 프랑스어다

3) 최종암기적으로(2)

후에 무한 -무왕부여장

무왕 즉 서동요로 유명한 무왕의 원 이름은 부여장이다. 부여장에게 고대프랑스인들이 말한다. 결국 너와 나를 한몸으로 봐야 무에 강한 무왕이된다고 말이다. 즉 극기 자아 일치를 극복해내야 한다고 말이다.

-선고 2003다46963 판결 [소유권이전청구권보전가등기및본등기말소] [공2005.8.15.(232),1321]에 따르면, 원고 회사의 사원이던 소외 1이 1997. 6. 3.경 자신이 원고 회사에 대하여 가지는 지분전부를 양도하고 퇴사하였는데 당시 원고 회사는 정관에서 해산사유로 규정한 20년간의 존립기간 만료로 1995. 3. 10. 해산하여 청산절차가 개시되어 청산의 목적 범위 내에서 존속하고 있었던 사실을 인정할 수 있는바, 합명회사의 청산절차에서는 사원의 퇴사가 허용되지 아니하므로 소외 1의 위 퇴사는 효력이 없다. 여기에서 왜 합명회사의청산절차에서는 사원의 퇴사가 허용되지 않는가?

최종이유적으로

청산절차는 사원의 책임과 역할이 중요한 단계가 된다. 합명회사의 사원은 무한 연대책임을 지므로, 회사의 채무를 정리하고 청산을 완료하는 데 있어 핵심적인 법적 주체다. 청산 중에는 사원의 책임 이행(예: 채권자 변제, 청산업무 협조)이 요구되므로, 이 책임을 방기하고 일방적으로 퇴사할 수 없다. 그러기에 사원 퇴사 시 회사 구조에 혼란 발생한다. 청산 중 사원이 퇴사하면 책임 관계의 명확성에 혼란이 발생하고, 채권자의 권리 보호에 중대한 지장이 생길 수 있다. 예를 들어, 누가 어떤 책임을 지고 있는지 불명확해지면 채권자 보호가 어려워지고, 청산 목적을 달성하기 어려워진다. 특히 합명회사에는 "이사"라는 직책이 없다. 대신, 합명회사의 업무집행과 회사 대표는 사원(무한책임사원)이 직접 수행한다. 그러기에도 중요하다.

13. 합자회사

-상법 제272조 (유한책임사원의 출자)유한책임사원은 신용 또는 노무를 출자의 목적으로 하지 못한다. 그 취지나 이유는?

최종이유적으로

합명회사 등에서는 왜 허용되는가? 합명회사나 합자회사의 무한책임사원은 회사 채무에 대해 본인의 전 재산으로 책임지므로, 굳이 출자재산이 객관적으로 환가되지 않아도 문제되지 않는다. 그러나 합자회사의 유한책임사원은 딱 출자금만큼만 책임지기에 이런 식의 애매한 신용출자나 노무 출자는 인정이 안 된다.

-대법원 1991. 7. 26. 선고 90다19206 판결 [사원제명] [집39(3)민,251;공1991.9.15.(904),2241]에 따르면, 상법 제220조 제1항, 제269조는 합자회사에 있어서 사원에게 같은 법조 소정의 제명사유가 있는 경우에는 다른 사원 과반수의 결의에 의하여 그 사원의 제명선고를 법원에 청구할 수 있다고 규정하고 있는바, 다른 사원 과반수의 결의란 그 문언상 명백한 바와 같이 제명대상인 사원 이외에 다른 사원 2인 이상의 존재를 전제로 하고 있는 점, 위 제명선고제도의 취지나 성질 등에 비추어 보면, 무한책임사원과 유한책임사원 각 1인만으로 된 합자회사에 있어서는 한 사원의 의사에 의하여 다른 사원의 제명을 할 수는 없다고 보아야 한다. 여기서 문언적인 이유 말고 취지적인 이유가 있는가?

최종이유적으로

사원의 제명은 "회사 구성원 자격 박탈"이라는 중대한 조치이다. 즉 제명은 회사 내부의 강제적 구성원 탈퇴로서 사원의 재산상·지위상 이익을 박탈하는 조치다. 따라서 단 1인의 의사에 따라 결정될 수는 없고, 객관적, 중립적 판단구조가 필요하다. 사원 2명뿐이라면, 제명은 사실상 나랑 의견이 다른 너는 쫓아내겠다는 사적 보복의 수단이 될 수 있다. 회사의 계속성 보장 및 사원자격의 상호성 원칙에 따라도 그렇다. 합자회사는 인적 신뢰를 바탕으로 운영되는 조직이다. 무한책임사원과 유한책임사원 각 1명씩뿐이라면, 한 명이 나머지 한 명을 제명하면 사실상 회사를 독점하게 된다. 제명은 회사를 정리하거나 해산하기 위한 수단이 아니라, 회사 내부의 문제를 해결하고 계속성을 도모하기 위한 장치다. 그러므로 단독 사원이 다른 사원을 제명할 수 있게 하면 회사제도가 남용의 수단으로 전락할 위험이 있다.

-제275조(유한책임사원의 경업의 자유) 유한책임사원은 다른 사원의 동의없이 자기 또는 제3자의 계산으로 회사의 영업부류에 속하는 거래를 할 수 있고 동종영업을 목적으로 하는 다른 회사의 무한책임사원 또는 이사가 될 수 있다. 이런 자유를 왜 주는가? 특히 합자회사의 무한책임사원과 비교하면 어떤가?

최종이유적으로

유한책임사원은 경영에 참여하지 않기 때문이다. 유한책임사원은 합자회사에서 원칙적으로 회사의 내부 경영에 관여하지 않는다. 따라서 그가 경업행위를 하더라도 회사의 영업상 비밀을 이용할 우려도 적고, 회사의 의사결정에 영향을 미쳐 자기 또는 제3자에게 유리한 거래를 유도할 가능성도 작다. 즉, 회사에 대한 충실·경업금지의무가 경영권자에게만 적용되는 원칙에 충실한 규정이다. 그러면 당연하지만 무한책임사원은 왜 경업금지의무를 지는가? 무한책임사원은 회사 대표권·경영권을 가지며, 회사의 내부 사무를 총괄한다. 따라서 회사와 동일한 업종에서 영업을 하면 회사 이익을 침해하거나, 이해충돌이 생길 위험이 매우 크다. 그래서 상법 제208조는 무한책임사원에게 회사 동의 없이 동종영업을 할 수 없도록 경업금지의무를 부과한다.

14. 어음수표법

-대법원 1978. 2. 28. 선고 77다2489 판결 [약속어음금] [집26(1)민,177; 공1978.5.1.(583) 10709]에 따를 때, 어음법상의 기명날인이라는 것은 기명된 자와 여기에 압날된 인영이 반드시 합치됨을 요구한다고 볼 근거는 없으므로 약속어음에 기명이 되고 거기에 어떤 인장이 압날되어 있는 이상 외관상 날인이 전혀 없는 경우와는 구별되어야 한다. 즉 달라도 된다고 한다. 왜 그런 취지를 이해해주는가?

최종이유적으로

그렇기에 이 판례는 "기명과 인영이 완전히 일치해야 한다"는 엄격주의보다 "외형상 날인이 존재하고 기명이 되어 있다면, 어음행위로서 인정"한다는 실질주의를 택했다. 그러나 이것은 근거가 약하고 실무상도 이렇게 불일치되는 경우가 많이 보임에 대해서 이유로 잡는 게 속편하다.

-약속어음의 서명에 가름하는 기명날인을 함에는 날인은 인장을 압날하여야 하고 무인으로 한 진출행위는 무효이다. 왜 무인은 인정하지 않는가? 실무적인 이유가 있는가?

최종이유적으로

무인은 인장의 표준성과 판별력 측면에서 매우 취약하여, 진위 여부 판단이 어려워 거래 안전성에 치명적이다. 특히 실무상 인감제도와의 연계성 우리

법제에서는 상거래·공문서·금융문서 등 중요한 법률행위에는 인장을 통한 날인이 기본적 표준 행위 방식이다. 인감 또는 등록된 인장을 이용한 날인은 진정성립, 책임자 확인, 위조 감식 등에서 객관적·제3자 확인이 쉽다. 반면, 무인(지장)은 인영이 일정하지 않고, 등록되지 않으며, 실무상 진정성립을 증명하기도 어렵고, 분쟁 소지가 크다.

-대법원 1997. 5. 16. 선고 96다49513 판결 [약속어음금] [집45(2)민,177;공1997.7.1.(37),1832]에 따르면, 어음행위에 착오·사기·강박 등 의사표시의 하자가 있다는 항변은 어음행위 상대방에 대한 인적항변에 불과한 것이므로, 어음채무자는 소지인이 채무자를 해할 것을 알고 어음을 취득한 경우가 아닌 한, 소지인이 중대한 과실로 그러한 사실을 몰랐다고 하더라도 종전 소지인에 대한 인적항변으로써 소지인에게 대항할 수 없다. 왜 중대한 과실이 있는 경우까지도 봐주는가? 너무 봐주는 거 아닌가?

1) 최종이유적으로

중대한 과실은 '주의 부족'일 뿐, 신의 없는 행위는 아니다. 악의는 명백히 상대방을 해하려는 의도라서 보호하지 않음. 중과실은 알아볼 수 있었지만 못 알아봄이다. 민법과 달리, 어음법은 고의적 악의와 단순·중대한 과실을 명확히 구분하고, 유통 증권 보호를 위해 후자의 책임은 제한한다. 이것은 항변절단 제도의 본질적 기능이다. 어음법은 "항변절단"이라는 제도를 통해, 전득자(후속 소지인)가 선의이면 전 단계의 분쟁을 물려받지 않게 설계되어 있다. 그러므로 어음상 채무자는, 자신이 사기당했거나 강박당했다고 하더라도, 어음이 제3자에게 유통된 경우 그 제3자가 '선의'이면 더 이상 그 사유로 대항 불가하다. 실무상, 중대한 과실 여부는 판단이 어렵고 주관적이다. 중대한 과실이 있었는지 여부는 상황에 따라 다르게 해석될 수 있어, 이를 기준으로 항변을 인정하면 법적 안정성이 깨질 위험이 크다.

2) 최종암기적으로(1)

착오 중과-최고증가세

3) 최종암기적으로(2)

착오 중과-재고성과관리

재고성과관리가 최고증가세이다. 아주 싹싹 잘 비워두었나 보다.

참고로 위 판시 앞에는 이런 내용이 있다. [1] 사기와 같은 의사표시의 하자를 이유로 어음발행행위를 취소하는 경우에 그 취소의 의사표시는 어음발행행위의 직접 상대방에 대하여 뿐만 아니라 어음발행행위의 직접 상대방으로부터 어음을 취득하여 그 어음금의 지급을 청구하고 있는 소지인에 대하여도 할 수 있다고 봄이 상당하다 할 것이지만, 이와 같은 의사표시의 취소는 선의의 제3자에게 대항할 수 없는 것이고, 이 때의 제3자라 함은 어음발행행위의 직접 상대방 이외의 자를 가리키는 것이므로, 어음의 발행인이 어음발행행위의 직접 상대방이 아닌 소지인을 상대로 어음발행행위 취소의 의사표시를 할 수 있다 하여 소지인의 선의·악의를 불문하고 취소의 효과를 주장할 수 있게 되는 것은 아니다.

-대법원 1994. 1. 25. 선고 93다50543 판결 [약속어음금] [공 1994.3.15.(964),809]에 따르면, 기한후배서는 보통의 배서와는 달리 지명채권양도의 효력밖에 없어 그것에 의하여 이전되는 권리는 배서인이 배서 당시 가지고 있던 범위의 권리라 할 것이므로 어음채무자는 그 배서 당시 이미 발생한 배서인에 대한 항변사실을 피배서인에 대하여도 대항할 수 있으나 그 배서 후 비로소 발생한 배서인에 대한 사유는 피배서인에 대하여 주장할 수 없다. 왜 그런가? 그런 게 뭐가 있길래?

최종이유적으로

여기서 그때까지의 사유는 이미 피배서인에게 상계로 처리를 한거다 라는 것들의 사유이다. 그것은 당연히 그 뒤의 사람에게도 주장가능하다. 이것은 어음이 아니기에 말이다. 다만 완전히 새로운 사유 그 뒤에 배서 후 B가 계약을 위반했다 같은 사유는 최후의 피배서인 C 에게는 무관한 사유가 된다. 그래서 인정되지 않는다. 즉 어음이 아니고 지명채권화가 되었다고 해서 막 아무거나 다 항변이 가능한 것은 아니다라고 하는 것이다.

-대법원 1979. 10. 30. 선고 79다479 판결 [약속어음금] [공 1979.12.15.(621),12305]에 의하면, 타인의 금융 또는 채무담보를 위하여 약속어음 (이른바 융통어음)을 발행한 자는 피융통자에 대하여 어음상의 책임을 부담하지 아니하나, 그 어음을 양수한 제3자에 대하여는 선의이거나 악의이거나, 또한 그 취득이 기한 후 배서에 의한 것이었다 하더라도 대가 없이 발행된 융통어음이었다는 항변으로 대항할 수 없다. 왜 그러는가? 취지나 의의는?

1) 최종이유적으로

이 융통어음의 구조는 다음과 같다. A가 B에게 융통을 요청. A는 돈이 필요하지만 신용이 부족하므로, 신용이 더 좋은 B에게 융통(신용 제공)을 부탁합니다. A가 발행인으로 되어 B를 수취인 또는 지시인으로 하는 약속어음을 발행한다. 또는, 경우에 따라 B가 A 명의로 어음을 수취해오기도 한다. B가 어음을 C에게 할인, B는 어음을 제3자인 C에게 제시하고, 할인(어음금액에서 이자 또는 수수료를 뺀 금액)을 받고 현금을 수령한다. B가 그 돈을 A에게 전달한다.

여기서 이런 사정이 있다고 해도 이런 어음과 융통어음을 표면상 차이가 나지 않기에 그 취급을 다르게 하지 않는다. 그래서 수취자가 악의대로 책임을 지게 한다. 기한후 배서로 혹 그때까지의 인적항변이 허용이 된다고 해도 융통어음은 그런 사유에도 해당이 되지 않는다는 취지이다.

2) 최종암기적으로는

융통 기후 대못(대듯) : 대도서관: 윰땡에 대한 융통어음으로는 기후조건으로도 대항하지 못한다고 봐야해

15. 보험법

-제656조(보험료의 지급과 보험자의 책임개시) 보험자의 책임은 당사자 간에 다른 약정이 없으면 최초의 보험료의 지급을 받은 때로부터 개시한다. 암기?

1) 최종암기적으로(1)

지급 개시-캐시지급

뭐니 뭐니 해도 캐시 즉 현금이다. 그래서 캐시 지급은 주는 쪽은 몰라도 받는 쪽은 반갑고 기쁘다.

2) 최종암기적으로(2)

지급 개시-지금해지하시면손해가많은데요

주로 은행에서 적금을 해지하려는 사람들에게 하는 이야기이다.

-보험사고 발생 후의 보험계약은 무효이다. 그러나 당사자 쌍방과 피보험자가 이를 알지 못한 경우에는 그러하지 아니하다

1) 최종암기(1)

(생후) 알못 유효-유효라돈수치

라돈과 함께 이런 식의 동위원소로서 건강에 좋기도 하고 안 좋을수도 있어서 논의가 되는 게 게르마늄이다. 팔찌로도 많이 만들어서 팔고 한다. 라돈은 온천에서 많이 언급이 되고 있지 않은가?

2) 최종암기(2)

(생후) 알못 유효-발목통증에주효

라돈이 몸에 좋은 것도 있어서 라돈탕 같은 경우에 말이다. 그래서 유효라돈수치가 좋으면 그게 발목통증에 주효하다. 발목의 상대개념 반대개념은 손목으로 생각한다.

-보험약관은 신의성실의 원칙에 따라 당해 약관의 목적과 취지를 고려하여 공정하고 합리적으로 해석하되, 개개의 계약당사자가 기도한 목적이나 의사를 참작함이 없이 평균적 고객의 이해가능성을 기준으로 보험단체 전체의 이해관계를 고려하여 객관적·획일적으로 해석하여야 한다.

최종이유적으로 보면 이것에서 좀 일단 의아하게 생각할 수도 있는 점은 바로 획일적이라는 부분이다. 작성이야 획일적으로 한다고 쳐도 해석도 획일적인가? 하고 생각을 할 수 있는데, 그게 획일적이라는 점이 결론이라는 점이다. 그런데 이 판례를 가만히 들여다보면 획일에 방점이 있는 게 아니라 앞에 나오는 평균적 사람이라는 점이 방점이 있다고 명심을 해야 한다.

그러면 쉽게 답이 나온다.

원문은 대법원 2023. 6. 15. 선고 2021다206691 판결 [보험금] [공2023하,1216]

-2021다294902, 2021다294919(병합) 판결 [하자보수보증금 청구]에 따르면 보험금청구권의 소멸시효 기산점은 특별한 사정이 없는 한 보험사고가 발생한 때이고(대법원 2012. 8. 23. 선고 2012다18748 판결 등 참조), 보험사고란 보험계약에서 보험자의 보험금 지급책임을 구체화하는 불확정한 사고를 의미하는 것이다. 보증보험에서 보험사고가 구체적으로 무엇인지는 당사자 사이의 약정으로 계약내용에 편입된 보험약관과 보험약관이 인용하고 있는 보험증권 및 주계약의 구체적인 내용 등을 종합하여 결정하여야 한다(대법원 2006. 4. 28. 선고 2004다16976 판결, 대법원 2014. 6. 26. 선고 2012다44808 판결 등 참조). 그리고 보증보험증권에 보험기간이 정해져 있는 경우에는 보험사고가 그 기간 내에 발생한 때에 한하여 보험자가 보험계약상의 책임을지는 것이 원칙이지만, 보증보험계약의 목적이 주계약의 하자담보책임기간 내에 발생한 하자에 대하여 보험계약자의 하자보수의무 불이행으로 인한 손해를 보상하기 위한 것임에도 불구하고 보험기간을 주계약의 하자담보책임기간과 동일하게 정한 경우 특별한 사정이 없으면 위 보증보험계약은 그 계약의 보험기간, 즉 하자담보책임기간 내에 발생한 하자에 대하여는 비록 보험기간이 종료된 후 보험사고가 발생하였다고 하더라도 보험자로서 책임을 지기로 하는 내용의 계약이라고 해석함이 상당하다(대법원 2001. 5. 29. 선고 2000다3897 판결, 대법원 2015. 11. 26. 선고 2013다62490 판결 등 참조). 이렇게 다소 좀 보험회사 입장에서 보면

억울하게 늘린 이유는?

최종이유적으로

말은 어렵게 해설이 되어 있지만 결국에는 하자는 그 하자담보 기간 안에 있고 사는 그 뒤에 났다면 하자가 그 하자 발생이 그 기간 안에 있기에 보험사가 책임을 지라고 하는 논리이다. 특히 그래서 여기서 소멸시효 등의 이야기도 말만 복잡했지 피보험자를 보호해주라는 의미가 되는 것이다.

16. 해상법

-대법원 2008. 4. 24. 선고 2008다10006 판결 [배당이의]에 따르면, 어선의 책임선장이 선주와의 약정에 따라 지급받기로 한 특별상여금 채권이 상법 제861조 제1항 제2호가 정한 '선원 기타의 선박사용인의 고용계약으로 인한 채권'으로서 선박우선특권 있는 채권에 해당한다고 한다. 그 의미와 이유는?

최종이유적으로

실무상 이해관계 고려했다. 선박우선특권은 일반 채권보다 강한 우선변제권을 인정하는 제도로, 선원, 도선사, 구조자 등 선박에 직접 공헌한 자들의 생계와 안정성을 보장한다. 어업 현실에서는 책임선장에게 일정 수익배분·성과급·상여금 등을 약정하는 관행이 많고, 이는 단순한 보너스라기보다 노동의 대가로 기능한다. 다만 암기에 다소 약한 부분이 있어서 암기를 시도한다.

최종암기적으로(1)

특상 우선-우성적특성

유전적으로 우성적인 특성을 말한다. 그에 대한 반대말은 열성이라고 볼 수 있다.

최종암기적으로(2)

특상 우선-특정유상주식

우성적특성을 개발한 과학자들에게 특정유상주식을 제공한다. 인센티브를 주는 차원이다. 그에 대한 반대말은 무상주이다.

-제783조(수회항해에 관한 채권에 대한 우선특권의 순위) ①수회의 항해에 관한 채권의 우선특권이 경합하는 때에는 후의 항해에 관한 채권이 전의 항해에 관한 채권에 우선한다. ②제781조에 따른 우선특권은 그 최후의 항해에 관한 다른 채권과 동일한 순위로 한다. 여기서 후의 항해채권이 우선하는 이유는?

최종이유적으로

왜 후의 항해에 관한 채권이 우선하는가? 먼저 선박의 현재 가치와의 밀접성 때문이다. 선박은 여러 차례 항해를 반복하면서 영업 수익을 창출한다. 그 과정에서 선박이 받은 손상 또는 가치 증가는 주로 최근 항해의 결과다. 따라서 후의 항해에 제공된 용역·물자·노력 등이 선박의 현 상태에 더 많이 기여했다고 평가한다. 따라서 후행 항해 채권자가 더 많은 공헌을 했으므로 우선 보호하는 것이다. 또한 후속 항해 채권자 보호를 통한 해운업 활성화도 작용한다. 후속 항해 채권자(예: 연료공급업자, 하역업자, 선원 등)는 그 선박이 이미 선순위 채권에 의해 담보되어 있을 위험을 안고 거래한다. 이들이 "앞선 채권이 이미 잡혀 있으니 내 채권은 회수 불가하겠다"고 판단해 거래를 꺼리면, 항해 자체가 불가능해질 수 있다. 그래서 후속 채권자에게 우선순위를 주면 선박에 대한 거래가 안정적으로 유지되고 해운업 운영이 원활해진다. 그래서 최종적으로 순환적 항해 구조에서 선박의 지속성을 보장하기 위함이다. 선박은 항해마다 반복해서 새로운 채무를 발생시키는 구조다. 만약 항상 첫 번째 채권자가 가장 유리하다면, 이후 채권자는 보호를 받기 어렵고 거래를 회피하게 되면 항해 중단 위험이 발생한다. 후항해 채권 우선주의는 선박을 지속적으로 항해 가능한 상태로 유지하기 위한 법적 장치다.

-공동해손이 성립하기 위해서는 적어도 선박이나 적하중 일부가 반드시 현존해야 한다. 그 논리적인 이유는?

최종이유적으로

"이익분담"의 원리이기 때문이다. 공동해손의 핵심은 "공동의 희생에 의해 이익을 본 자가 그 희생에 대해 함께 부담한다"는 논리다. 즉, 손해를 입지 않은 자가 손해를 입은 자를 보상하는 구조다. 그런데 만약 손해 후 아무것도 구조된 것이 없다면? 그 희생으로 인해 얻어진 이익이 없으므로, 그 이익을 기준으로 분담할 공정한 기준 자체가 사라진다. 따라서 희생의 효과로 구조된 선박이나 적하, 운임 등 중 일부가 '현존'해야만 누가 얼만큼의 이익을 봤는지 산정하고 그에 따라 손해를 분담할 수 있게 된다.

-제866조(공동해손의 분담) 공동해손은 그 위험을 면한 선박 또는 적하의 가액과 운임의 반액과 공동해손의 액과의 비율에 따라 각 이해관계인이 이를 분담한다. 이 말의 구체적 적용적 의미와 여기서 왜 운임이 아니고 운임

의 반액인가?

최종이유적으로

"누가 얼만큼 부담하는가?"에서 기여 기준이 되는 금액들은 다음 세가지이다. 현존 선박의 평가액, 현존 적하의 평가액, 운임의 1/2 (= 반액) 즉 이 세 가지 금액을 합친 것이 총 공동해손 기여 기준 총액이 되고, 각 당사자 (선주, 화주, 운송인 등)는 자신의 해당 가액이 전체에서 차지하는 비율만큼 손해를 분담한다.

그러면 왜 "운임의 반액"만 포함되는가? 이는 해상법 실무의 전통에 따른 것으로, 다음과 같은 논리적·경제적 이유가 있다. 운임은 절반만이 실제 귀속되는 이익이기 때문이다. 운임(운송료)은 선박 소유자나 운송인의 수익이지만, 이 운임 중 절반은 실제로 운항비·관리비·운항 중 손실 등 비용으로 소요된다. 따라서 전체 운임이 다 선주의 순이익은 아님을 의미한다. 공동해손 분담의 "이익 기준"에는 절반만 포함시키는 것이 공평하다. 즉, 운임 전액은 과장된 이익 계산이라는 점에서 절반만 반영한다. 리스크 회피의 이익 귀속 정도가 다른 것이다. 운임은 결국 화물 운송에 성공해야만 선주가 받게 되는 대가다. 그런데 공동해손은 위험 회피 후 살아남은 자산이 기준이므로, 이 때 운임의 "가치 있는 부분"은 실현 가능성이 높은 절반 정도로 평가하는 것이 합리적이다.

실무 예시를 들면
구조된 선박: 10억 원
구조된 화물: 20억 원

운임 총액: 2억 원 → 기여 기준은 1억 원 → 총 기여 기준 자산 = 10 + 20 + 1 = 31억 원

공동해손 손해액이 3.1억 원이라면 → 선주는 10/31, 화주는 20/31, 운송인은 1/31 비율로 분담한다.

Part 2. 학습의 팁

1. 풀어내는 식으로 공부하기

-의미

이는 난해한 지문 내용을 더 내용을 술술 풀어주는 의미를 가진다. 특히 기본적으로 객관식으로 주어지는 문제풀이 명제가 맞고 틀림에 대한 판단에서 작용이 된다. 이는 유명한 서울대 법대 C 교수방법에 해당한다. 누구인가에게 설명하듯이 이야기 하는 게 제일 좋은 방법이라는 식의 설득이다.

-순순한 흐름

말이 흐름이 스스로 보기에 그리고 남들이 보기에도 참 순순히 설명해준다는 느낌이 들게 해야 한다. 그냥 마구가 아니라 말이다.

-평면적으로 보던 책과 그 설명을 다 뜯어내는 느낌

1) 기본 의미

지금의 과정은 다 하나하나 새로 뜯는 것이다. 새로 뜯어내는 것이다. 필자의 내용설명을 보면 아마도 여러분들이 아 이것은 기존의 교과서에서는 잘 나오지 않은 표현인데 쉽다. 그게 바로 그런 식으로 그 설명을 다 뜯어내는 느낌으로 접근하는 것이다. 혹시 아주 부분 부분은 사람의 감정에 따라서는 다소는 좀 두서 없기는 해도 필자의 설명으로 좀 쉽게 이해를 하고 가는 것은 된다고 느끼게 될 것이다. 그게 바로 자연스러운 것이고 쉬운거다.

2) 더 풀어내는게 더 짧아지는 것이다

역설적이지만 고수들은 안다. 더 풀어내는 것이 더 풀어헤치는 것이 더 오히려 짧아지는 것이 된다.

-설명 논리를 잘 만들기

1) 기본 의미

풀어냄은 결국 설명의 논리이다. 술술 풀어줘야 한다.

2) 그야말로 말 같아서 좋게 된다

지금 구축되는 게 말 같아서 좋다고 느끼면 그것은 제대로 공부되는 것이다. 그리고 굉장히 안정되니 지금 며칠째 해도 크게 동요가 없다면 말이다. 큰 불만이 없이 계속 진행되게 말이다.

-기서결식 사고도 중요하다

그냥 마구 이야기 하는 것보다 아주 간략한 것이라도 기서결식 사고로 이야가 한다, 물론 시험장에 가면 그런 호흡을 할 시간이 많지 않으니 말이다.

-잘 될수록 자신의 근거 학습파일 서브노트가 튼실해 보인다

스스로 파일이 좀 부실부실해보이는 면이 있었는데 이제는 좀 더 간다는 식으로 해서 더 튼실하게 느껴지도 든든해져서 스스로 의지할 수준이 된다.

-문제집과 별도의 자기 학습파일의 기능이 확실하게 잘 분리가 된다

문제집 등이 지저분해지지 않고 깔끔해진다. 과거에는 이렇게 뭐가 많이 붙은거 보면 언제 다하기 아 이건 뭐지 개념이 생기는데 잘 마스터가 되면 내용의 핵심이 개념으로 바뀐다.

-하나의 소 테마에 자신이 스스로 이야기할 거리가 좀 자연스럽게 붙는다

뭔가를 내가 테마에서 이야기를 해봐야지 하고 시도를 할 때도 그게 자연스럽지 못하면 그것을 억지로 외워야 할 대상으로 생각하게 되는데 그러지 않고 자연스럽게 자신에게 설명으로 아니면 설명하는 능력으로서 존재하게 느낀다.

-결정적 한두마디가 이해와 본질을 파고 들어간다

1) 기본 의미

좋은 지식은 절대로 장황하지 않다. 중요한 거 한두말인데 그게 좀 숨겨져 있는거 아닌가? 스스로도 잘 표현한 것을 보면 아, 그게 그렇게 연결이 되는구나, 그게 그런 큰 뜻이 있구나하고 생각하게 된다.

2) 이거냐 저거냐에서의 강력한 한방

이거냐저거냐의 갈등상황에서 강력한 한방도 의미가 있고 중요하다. 한쪽으로 갈 수밖에 없는 좀 더 과격한 표현도 섞어가면서 쓰면 기억도 남고 논리도 산다.

-효율적인 논리를 만들수록 암기의 부담은 덜하다

그전의 공부들은 설명논리가 희박하니까 자꾸 끄나풀을 가지고 외우려고 아등바등하게 됨을 느낄 것이다. 그러나 설명논리가 좋으니 명문대 C 교수식으로 하면 깔끔히 설명이 되니, 기억적 아등바등이 없어짐을 느낀다,

-이렇게 술술 풀어내지 않으면 너무 어려운 과목들은 풀어내기가 너무 힘들다

어려운 과목일수록 논리와 유기성이 중요하다. 그래서 이렇게 술술 풀어내지 않으면 너무 어려운 과목들은 풀어내기가 너무 힘들다. 그야 말로 돌 씹는 기분이다. 그러기에 반드시 이렇게 논리로 술술 가게 풀어내야 한다.

-나름 평석가라고 생각하고 자신있게 적어보자

틀려도 좋다. 어차피 학습을 위한 것이다. 나름 평석가처럼 생각하자. 유연하고 논리적으로 잘 설명하는 데에 도움을 준다.

2. 대화 내지는 대화체를 염두에 두고 생각하기

-의미

지식을 풀어냄에 있어서 대화는 기본이다. 마치 소크라테스와 플라톤이 대화를 통해서 진리에 이른 것처럼 대화는 그런 기본을 가진다.

-질문과 답 구조

우리도 무엇인가를 읽어가면서 어떤 정보를 흡수해가면서 그것에 대해서 모르는 것이 나옴은 어찌보면 아주 당연한 것이다. 그것을 해결하는 가운데에서 답이 나오고 그게 그 학습의 정수가 된다.

-유능한 강사들의 비유

유능한 강사는 그것을 공부하는 학습자들이 무엇을 모르는지에 대해서 아주 잘 아는 사람이 된다. 그런 포인트를 일단 잘 알고거기에 어떤 이야기를 해줘야 좋아할지에 대해서 잘 이야기 해주는 사람이 좋은 강사가 된다.

-계속 자신의 표현을 가다듬어야 한다

특히 뛰어나다고 자타가 공인하려면 그 직관적 해설 꿰뚫는 용어들이 되어야 한다. 그러기 위해서 계속 가다듬고 정돈을 해야 한다.

-좋은 대화법이 되려면 좋은 질문이 나와야 한다

학습자인 나의질문요령과 접근이 나쁘지 않으니 좋은 대답이 나오게 된다. 이런 질문들이 또 새로운 지식의 페러다임이 된다. 기존의 책들에서 해주지 않았던 것 말이다.

-스스로 단정하고 외부로 표출해 보임의 우수성

그런 것을 자신의 파일에 담아서 노트에 담아서 외부로 표출을 하면 스스로 꽁하게 가지고 있던 것들의 지식이 달라짐에 대해서 느끼게 된다.

-묻다보니 이해되고 묻다보니 합격이다

말 그렇게 된다면 아주 좋은 시스템이고 그간의 학습체계를 부정하는 것이다. 이제는 누가 잘 질문을 세우는가가 중요한 것이 된다. 이런 페러다임이 되면 해당 시험에 대한 접근도 최근 몇년에 뭐가 바뀌는 것이고, 극단적으로 학원도 필요 없게 되고 하는 상황이 된다.

-질문받아주는 선생님

우수학생들은 말한다. 아, 과외선생님까지는 필요 없고 질문 받아주는 분이 있으면 좋겠다고 하고 말이다. 특히 고교시절의 최난제 과목인 수학 등에서는 말이다. 그런 마음으로의 자문자답 또는 대화식 공부를 지향한다.

-감정적 단어를 써서 표현해도 된다

'흥'같은 단어를 써도 된다. 학습의 목적만 달성한다면야. 흥 같은 사실적 논리들이 만들어진다.

-스토리라인의 형성

오티티가 더 유행할수록, 넷플릭스의 비중이 더 커질수록 스토리의 중요성이 커지고 있다. 그것을 공부에 대입을 해보면 대화가 스토리 라인이 되기도 한다. 즉 대화의 저술인 플라톤과 소크라테스의 대화처럼 인공지능과 나의 대화를 저술로 담게 된다. 그것은 본론에 대한 것이다:

3. 좋은 변화로 바뀌는 학습 주변 여건들이 변화

-의미

책이나 기타 여러 가지 여건들이 이런 변화로 어떻게 달라지는지에 대해서 소개한다.

-교과서(문제집)의 변화

1) 기본 의미

부담을 주고 이거 언제다 보나 하는 존재에서 아 그래 이것도 결국에는 핵심의 싸움이고 그런 핵심이 잡혀지면 쉽게 전진하는구나 하는 생각이 들게 한다.

2) 단권화의 기능적 원리에 접근

 (1) 일단 단권화에 유리

그렇게 되면 단권화의 원리에 아주 충실히 가게 되는가? 그렇다 물리적 단권화를 뛰어 넘는 기능적 단권화는 학습자로서는 아주 환상의 세계다. 그렇게 가고 있다고 느낀다면 과목 정복과 합격은 따 놓은 당상이다.

 (2) 중복성 검토의 효율성

내용에 대한 이해가 깊어지고 강해지면 내용적 중복성 검토도 뛰어나져서 단권화도 실질적으로 잘 일어난다.

3) 무기화

다듬어진 실력 다듬어진 무기라는 말이 실감이 난다. 그래서 스스로 이 책들정도의 것이면 법조로 치면 연수원급이어서 대한민국 OO분야 기술로는 최고 등급인데 하고 생각을 하게 된다. 제대로의 OO 과목의 책을 갖고 다니는 셈이 된다.

4) 자꾸 더 연결시키고 싶고 더 밝혀보고 싶어 한다

고수들은 말한다. 지식이 도가 올라가면 결국 연결이 되는 것이라고 말이다. 그래서 그게 자꾸 밝혀내는 것 자꾸 연결시켜가는 것을 시도하게 되는 것이 된다. 새 지식들은 새로 분화되어서나오는 것이다.

-책에 있는 지식들의 가치

1) 박물관은 살아있다

영화 박물관을 살아있다를 보면 박물관의 전시물들이 밤에는 살아서 움직인다. 그것처럼 그간 평면적으로 생각한 지식들이 살아서 움직인다. 그래서 이런 지식들의 가치는? 하고 스스로 생각해보게 된다.

2) 지식덩어리의 변화

지식이 예를 들어서 OO법의 경우에 이렇게 하나 하나 풀리면서 전체적 장악은 내게 어떤 모습으로 다가오는가? 그것은 낱낱의 지식이 아주 유기성을 띄어서 결국 크게 덩어리로 와도 내가 버틸수 있다는 식으로 가게 된다

3) 마인드 맵에서의 유기성

마인드맵 공부기법을 보면 지식을 잇게 되는데 그것을 어떤 이들은 언제 저 이음을 다 외우지 하지만 지식이 이해도가 커지면 그런 유기성이 억지로 외우려 해서 외워지는게 아님을 알게 된다

4. 심리적으로 긍정적 변화가 찾아온다

-비유: 에이스 투수처럼

'내가 투수라면 저렇게 꽂아 넣을 수 있나' 하고 프로야구를 보면서 생각을 해본 사람들 많을 것이다. 이렇게 지식이 내 것이 되면 내가 에이스투수가 된 기분이 된다.

-심리적으로 갈등 없는 아침과 새벽을 맞는다

공부를 하면서 학습에 매진하면서 제일 힘든 시간이 새벽과 이른 아침이다, 저녁과 밤은 그렇게 가는데 특히 자고 일어나서는 불안감이 마구 올라온다. 그런데 이렇게 제대로 공부를 해놓으면 그런 갈등이 사라진다. 그래서 심리적으로 갈등 없는 아침과 새벽을 맞는다.

-열정을 계속 간직하게 가는 시스템

우리는 사람이기에 공부에 대한 열정은 수시로 바뀌는가하는 질문에 자신있게 계속 열정이 유지가 된다고만은 이야기를 할 수 없다. 그러기에 그런 열정을 계속 간직 할 수 있는 시스템이라면 참 좋을터인데 말이다. 내가 알면 더 열심히 하게 된다. 그런 나의 열정을 잘 담을수 있는 구조가 지금의 공부 시스템 구조라고 보면 된다.

-풀어나가는 심리의 발생

법률로 치면 판단 결과의 회의론에 내가 너무 많이 빠져있던 것도 사실인데 이런 식으로 해결을 해서 좀 잘 헤쳐나갔다는 성공사례도 많이 수집된다.

5. 지식을 돌출 정도로 하려면 노래 암기가 최고다

-의미

우리가 거인의 어깨에 올라타는 셈이라고 잘 이야기를 하는데 이게 마치 그런 거인의 어깨에 올라타는 정점에 있다고 봐야 한다. 노래는 우리에게 잘 써먹으라고 팔 벌리고 있다. 말죽거리 잔혹사에서 현수하고 싶은 거 다 해 하는 김부선처럼 말이다.

-암기라는 게 보는 것만으로 되는 게 아니라서

당연한 이야기지만 자주 보기만 한다고 샤워하듯이 하기만 한다고 외워지는 게 아니다. 그래서 어떤 노력이 필요한데 그런 노력의 결정판으로서는 이제 중요하다.

-장점: 무에서의 유의 형성효로서는 세계 최강

특히 세법처럼 정말로 무에서 유를 형성해야 함이 큰 과목은 이렇게 해서 형성을 시키고 '오 박OO, 아주 대단한데'하고 스스로를 다독일 수 있다.

-장점: 가만히 틀어놓고 반복하는 편한 효과

가만히 틀어놓고 반복하는 편한 효과를 기대하는 게 가능한 것도 여기서의 장점이 된다. 특히 시험이 다가올수록 불안한데 이런 게 지식으로 나를 지지한다고 치면 위로 효과, 위로적 지지효과가 크다.

-장점: 그래도 칙칙한 수험생활 중에 운율이 가미되는 효과

그래서 아주 칙칙할 수 있는 수험생활, 학습생활에 운율이 가미되어서 양념적 효과가 된다.

-장점: 가장 가시적인 유형적인 공부

공부의 가장 힘든 점은 참 뭘 해도 나에게 나를 중심으로 나의 뇌를 중심으로 해서는 뭐가 남은 게 없다는 점이다.

-장점: 책 읽음이 훨씬 더 수월해지고 마음이 덜 쓸쓸하다

특히 무에서 유를 하는 과목의 경우에는 참 읽으면서도 '아이 씨, 이걸 읽으면서도 외워내야 하는데 그게 되나'하고 자책을 많이 하는데 노래가 수반이 되면 완전 암기가 되지 않아도 그래도 기분 좋게 좀 더 안도감을 가지고 책을 읽어내게 된다.

어떤 무엇을 하더라도 확인적 의미의 독서에서 즉 읽으면서 기억을 해내야 하는 독서에서 제일 좋은 방법이다.

-장점: 생활화적 공부

노래에 미친놈 같은 식으로 그야 말로 자나 깨나 공부가 가능하다.

-노래는 가급적 먼 노래보다는 자신의 애창곡을 위주로 한다

-그림하고 결부가 되어야 더 강한 효과를 가지고 온다

그림하고 내용이 결부가 되어야 더 강한 효과를 가지고 오게 되기에 서로 시너지를 노린다.

-노래를 잘 선정하는 것도 그 과목에 대한 실력과 혜안이 생겨서 그런 것이다

그렇게 붙이게 하기 위해서 노래를 잘 선정하는 것도 그 과목에 대한 실력이 생겨서 비례적으로 생기는 모습이다.

-비유: 곳곳에 깔린 지뢰들이 공격을 도와주는 느낌

아 많이 형성이 되었다. 폭탄들이 많이 도와 준다.

6. 8진법

-그림이 최종이다

연상의 최고봉은 그림이다. 그게 마땅한 적절한 것을 넣기가 그래서 그렇지 말이다. 그러나 우리가 어차피 일반적이고 딱딱한 것을 외우기 위해서 별개 개념이 필요하다면 이렇게 그림을 차용해서 외움은 아주 좋다. 즉, 중간과 중간이 연결이 되어서 최고조로 간다.

이러면 지식에 특히 그냥 활자화된 지식에 만개의 꽃을 피우게 되는 셈이 된다.

로마인들은 위대했다. 그냥의 상상속의 그림과 진짜로 존재하는 그림은 천지차이이다. 영원하라 로만이여 영원하라 로마인들이여

공부라는 컴퓨터에 그래픽 카드를 달아서 날개를 달아가는 셈이다.

글자로만 공부하는 것과 비교하면 픽셀로는 거의 100배의 것을 활용하고 그만큼 노력이 감쇄되고 하는 것이다.

-뇌의 이중성에 가장 잘 맞는다

뇌는 기억하려고도 하고 까먹으려고도 한다는 사실이다. 안 까먹으면 터져 버리는 게 뇌이다.

-그림이 사고를 전진시키고 사고를 확장시킨다

그림이 사고를 전진시키고 사고를 확장시킨다. 바로 그것을 전진시키는 그림이라도 붙여야 한다.

-전혀 안 쓰던 뇌의 영역을 쓰는 셈이어서 좋다

-8진법과 이어져서 그림과 그림간의 연결 히어라키를 노린다

이게 맞다면 8진법만으로 하기에는 무리가 있음을 스스로 인정한 셈이다.

-그림의 개수가 합격과 관련한 심적 안정의 지수를 증가시킨다

-두문자의 최대약점인 이게 어디에 쓰는 건지 모르겠다의 극복

그림을 잘 사용해서 그게 어디서 나온건지 모르겠다는 최대한 해소한다. 그것은 두문자의 최대 문제점이다.

-비유: 기억의 바벨탑 쌓기

비유적으로 이야기를 하면 이런 식으로 해서 바벨탑 쌓듯이 하는 것이다.

-무조건 열심히 한다고만 암기가 되는 거 아니다

하수들은 무조건 적극적으로 하자고만 했다. 그러나 시스템이 중요하다.

정말로 안 들어가는데 그렇게 들어가는 그렇게 끼우는 대단한 방법을 알아낸 것이 이것에 해당한다. 이런 식의 것은 회계학 같은 어려운 과목에서도 적용이 되게 된다.

-밀이 어려워서 공부가 어려운거다

-공부는 말이다

공부는 말이다. 결국 또 보니 말말말인데 시퀀스적 운율적 말이 중요하다.

-시간순삭도 좋다

과거에는 밑 빠진 독에 물붓기로 써야 할 시간이 많았는데 말이다.

-그림이 한 몸으로 되는 게 중요하다

그림이 흐트러지면 안 된다. 자연스러운 연상을 노리게 그림이 한 몸으로 되는게 중요하다.

-한 몸으로 표현하든지 강력한 연쇄관계로 표현하든지

한 몸으로 해서 한 덩어리로 표현을 하든지 아니면 강력한 연쇄관계로 표현하든지 해서 강하게 효과를 가지고 오게 해야 한다.

-하이브리드덩어리를 통해서 머리가 바꿔지는 게 최종의 모습

그간의 세상질서와는 좀 다른 이어진 질서로 채워진 머리를 만들어야 한다. 어차피 시험이 그간의 생활질서와는 틀리거나 다른 게 아닌 좀 무관한 것을 가지고 외움을 강요하니 우리도 그에 버티고 대항하기 위해서 이렇게 한다. 남들도 그것을 버티는 방법 중의 하나가 두문자다.

그러니 나도 새롭게 또 외워야 할 게 나오면 다른 생활요소시퀀스를 가지고 와서 대항을 하게 한다.

그런데 그렇게 다른 것을 채우는 게 그냥은 안 되니 행동강령인 파일이 존재해야 하고 그 파일도 정적 성격을 가지니 그것에 동적 성격을 부여하기 위해서 살아있는 덩어리라고 표현을 한다. 즉 책과의 별개의 유형적 성격을

가지고 있음을 보여주기 위해서 살아있는 덩어리라고 한다.

-하이브리드가 되면서 지식이 무에서 유 생명체적 지식이 된다

무엇이든지 살아있는 게 좋잖아하는 마음으로 접근을 해본다. 학습자인 내가 살아있는 게 좋음을 활용하자. 그래서 몸이 기억하는 공부가 되기도 한다. 마치 비유적으로 춤판 벌이기 덩어리는 수화처럼 몸짓과 몸이 기억하는 공부가 되는 게 좋다.

-인간의 도리로서의 제대로 공부가 된다

문제를 푼다고 할 때의 인간은 풀어서의 인간이다. 그래서 인간의 도리로서의 제대로 인간으로서 공부가 된다. 만약에 랜덤하게 본다고 해도 자신의 정신만 제대로 붙들고 있으면 풀이는 이뤄지게 된다. 이 인간의 도리는 학습자로서의 도리이다.

-누수를 채우는 반복도 의미 있는 반복이 된다

-종합이 된 게 대략 50퍼센트 목표치로 해서 기억남을 목표로 한다

-인과응보적이라서 노력을 해야 결과가 나온다

-쌍극자암기와의 관련성

쌍극자 암기도 결국에는 뭔가의 하나를 해서 그 특징으로 쌍극자를 연결해서 잡기였다. 그게 좀 더 난이도가 있으면 거기에 인물을 붙여서 강화를 시키고 좀 더 난이도가 있다면 히어라키 적으로 해서 노래를 한다. 다만 그 노래의 구조는 이렇게 잡는 게 이상적이다. 이 구성의 전제는 잊을 수도 있다는 점이다. 그래서 계속 노력이 필요하다는 점이다.

7. 전문 공부

-전문 공부의 의미

자격증을 딴 전문가이거나 아니면 그 아래에서 같이 일하는 실장 등의 전문사무원들은 자기분야의 그것도 아주 좁은 분야만 알지 그 이상을 가면 잘 모른다. 그래서 그런 전문 공부가 중요하다.

-세상이 어지러울수록 자기공부가 최고다

세상이 아주 어지러이 가고 있다. 어지러울수록 자기 공부가 최고다 . 그게 제일 남는 것이기 때문이다

-전문공부일수록 효율적으로 해야 한다

시간들이 없지 않은가? 그러니 더욱더 효율을 노려야 한다. 바쁘지 않은 전문가 바쁘지 않은 전문사무원은 없다. 그러니 그런 사람들의 전문 공부일수록 더욱더 효율을 높여야 한다.

-전문 지식은 꺼내 쓴다의 논리

법조계를 접하지 못한 사람들의 입장에서는 법조인들을 보면서 '와, 그 많

은 방대한 법을 어떻게 다 알고 남을 위해서 상담을 해주고 하지?'하고 생각한다. 그러나 법조계에 입문을 하면 제일 먼저 배우는 사실이 그 많은 방대한 지식을 다 머리에 담는 게 아니라 필요할 때 꺼내서 쓴다는 게 핵심이라는 사실이다. 그렇게 전문지식은 꺼내서 쓰는 것 이지 다 담아두는 게 아니기에 공부의 효율성은 더욱더 필요하다.

-전문 공부일수록 이런 포인트를 봐야 한다

그렇겠구나 하는 것은 문제가 안 되고 그건 좀 그런데 내지는 그건 좀 아닌데 하는게 포인트이다. 수험 때도 그렇지만 결국 판시 등의 암기에서 가장 문제는 바로 자신이 그간 가진 자연법에 어긋나는 경우이다. 거기를 잘 포착해서 봐야 하고 내 것으로 넣어야 한다.

-당연한 것과 다소 또는 그 이상 당연하지 않게 다가오는 것을 체크해야 한다

읽어서 조금씩만 지식이 쌓여도 '그것은 그렇겠구나'하고 당연하게 느껴지는 것과 그렇지 않고 '어 이것은 왜 이렇게 되지?;하고 당연하지 않게 생각되는 것을 구변하는 게 가장 중요한 포인트가 된다.

-여백에 필기를 하는 경우에도 그 당연하지 않음 생각해볼 여지가 있음이 관건이다

많은 학습자들이 여백에 필기를 해서 집어넣거나 적어 넣는다. 그런 적어넣은 내용으로서 가장 와야 할 것은 바로 당연하지 않는 내용에 대한 지적 즉, 그런 포인트를 찾아내는 것과 그것을 어떤 식으로 처리해서 내 것으로 할지에 대한 것들이다. 그렇게 치면 결국 책은 원래부터 인쇄되어 있는 부분과 학습자인 내가 적어서 나오게 하는 부분들로 나눠지게 되는데, 인쇄되어 있는 것이야 당연히 진리이고 기지(기지)의 사실로 받아들여지니까 제시가 될 터이니 그게 결합이 된 게 바로 종합적으로 그 해당 분야나 해당과목의 총합적 사실로 다가온다.

-전문 공부에서도 암기를 해야만 공부한 게 남는다

여러분들이 다른 전문분야를 공부해서 남들에게 보여줄 때도 그게 결국에는 '체화'가 되어야 의미가 있다. 그냥 입에서 머리에서 우물우물하는 지식으로는 의미가 없다.

-외워야 내 지식으로 남고 남들에게도 보여진다
남들에게 보여주고 남들에게 인정받는 그런 지식이 되기 위해선 절대적으로 암기가 되어야 한다. 그것을 도와주려고 필자는 애를 쓸 것이다.

-암기는 늘 숙제

암기는 수험에서도 큰 숙제인데 전문 공부를 함에도 내가 외울 것인가? 외운다면 어디까지 외우고 결심을 할 것인가는 아주 문제이다. 그래서 그에 대한 도움이 필요하다.

-가장 효율적으로 외우게 하기

필자는 가장 검증된 방식으로 가장 쉽게 외우게 하는 도움을 줄 것이다. 특히 앞서 말한 지식은 꺼내 쓰는 것과의 조화적으로 얼마까지를 외우고 얼마는 외우지 않고 가는가는 참으로 중요한 부분으로 계속 작용한다.

-전문공부에의 암기가 더욱더 어려운 이유는 용어가 어렵기 때문이다

용어가 어려움은 그 분야의 전문성을 표상한다. 물론 그것은 진입장벽처럼 그 분야에서의 현학적 요소도 가지고는 있으나 그에 대해서 의미가 크게 온다. 그것을 잘 돌파해야 한다.

-전문 공부에서의 아주 쉽게 암기하는 법

(1) 친숙도를 늘려라

친숙도를 늘리는 게 중요하다. 물론 모든 공부의 과정은 다 반복을 통해서 친숙도를 늘리지만 그것을 어떻게든 더 고속화 하는 게 관건이다. 용어가 어렵고 구가상황이 어렵다면 더욱이나 친숙도를 높이는 것은 아주 중요하

다.

(2) 시퀀스활용

시퀀스란 이어짐이다. 순서이기도 하고 말이다. 그런 이어짐과 순서가 잘 연결이 되어야 뭔가의 성과가 나온다. 암기도 결국 이어짐이니 말이다.

뭔가 잘 술술 연결이 되면, 그게 시퀀스다. 우리가 뭔가 생활에서도 이야기가 술술 연결이 잘되는 경우가 있다. 그게 바로 시퀀스다. 그래서 그것을 이용하면 학습이 용이하다. 텔레비전에서의 오락프로를 봐도 쿵쿵따 쿵쿵따 하면서 말이 끝말잇기 식으로 잘 연결이 됨을 볼 것이다. 그게 바로 시퀀스다.

혼자서 전문지식을 읽을 때에도 필자를 만나기전에 여러분들이 혼자서 전문지식을 읽을 때에도 뭔가가 그 부분만큼은 시퀀스에 의해서 흘러가는 것이 된다.

(3) 인문사회지식 총동원

이런 전문 공부가 어려운 것은 용어의 문제도 있지만 동류화가 되지 않은 지식들을 동류화 하는 가운데에서 머리에 담아둬야 하는 측면이 아주 크다. 그러기에 그럴 때는 거의 유일한 해법이 있다. 바로 자신이 아는 모든 인문사회적 기타 지식들을 총동원해서 암기를 하는 것이다. 어찌보면 수험생들이 가장 많이 쓰는 두문장암기 같은 것도 그런 것인데 그것은 그래도 아주

가장 초보적인 형태로 봐야 한다. 그런 인문사회적 지식을 가지고 암기를 하고 이해도를 높이는 것이 필자가 여러분들에게 해줄 수 있는 도움 중의 하나이기도 하다.

(4) 내 머리 안에서 복기가 되게 한다

결국 전문지식이 발현이 되기 위해서는 남들에게 시각이나 청각으로 가게 해야 한다. 그러려면 자신이 먼저 그 지식들에 능해야 한다. 그래서 그게 내 머리 안에서 복기가 되게 한다고 보면 된다.

내 입에서 나와야 한다. 그게 차고 넘치면 결국은 나의 입에서 나와야 한다. 그것의 단계까지 안가면 머릿 속의 음성으로 그야 말로 '뇌입'으로라도 나와야 한다.

우리 책은 포인트는 지정의 식이다. 아주 두툼한 개론서가 아니라 그 개론서를 잘 보게 하는 것이다. 우리 책은 어느 분야의 타지식을 익히게 하기 위한 두터운 지식의 책이 아니라 그 지식에서 가장 엑기스가 되는 부분을 어떻게 이해를 할까에 대해서 제시를 해주는 책이다.

8. 스타링크

: 해당 과목을 전체적인 별자리나 천체관으로 생각하고 외우기

-의미

스타링크는 해당과목을 전체적인 별자리나 천체관으로 생각하고 외우기를 말한다. 외국어도 어떤 사람이 꽤 해당 외국어로 소통이 된다고 하면 그것은 그 사람이 그 외국어에 스타링크가 형성이 된 것이라고 봐야 한다. 즉 스타링크가 되면 그 과목에 외국어이든 수험과목 학습이든 되는 거다.

-스타링크의 개념구성요소

개념구성요소, 핵심요소는 다음과 같다.

(1)구조성 (2)수축확정적 자유자재성 (3)위치적 자유자재성

구성요소의 본질에는 공부란 게 잘 압축하면 양이 확 줄어든다의 사고가 있다.

구성요소의 본질에는 이런 사고도 존재한다. 즉 공부란 게 잘 압축하면 양이 확 줄어든다의 사고 말이다. 그 사고는 이런 식으로 분화되어서 나온다.

-시험 전 날 뚫어지게 책만 쳐다보는 게 너무 싫다고 하는 사람에게 적합

그런 부류의 사람이 있다. 굳이 말하면 자유인이라고나 할까? 시험전 날 뚫어지게 책만 쳐다보는 게 너무 싫다고 하는 사람들 말이다. 그런 사람에게 이 방법은 적합하다

-스타링크로 지식들이 구현이 되면서 행복감이 상승

연관이 되는 시퀀스는 한숨에 쭉 풀어주는 게 복습이자 리뷰다. 그리고 그게 되면 스스로 대견해하면서 기분 좋다.

스타링크:시퀀스 개념이 스타링크를 가게 하고 스타링크는 시퀀스를 완벽하게 해준다

-시퀀스매칭활동의 최종 안착역이 목적지가 스타링크

그냥 무조건 만드는 게 아니라 확실한 최종목적의식으로 귀결된다. 그래서 나의 시퀀스를 완성시키는 집요함이 꽃피게 한다.

-두문자 시퀀스 등을 찾아보면서 제일 잘 하는 말 아 이거였지가 없게 하는게 중요하다

두문자 등을 가지고 공부하면 제일 문제가 아 이거였지 하면서 그 두문자의 주소 등이 바로 연결이 안 되는 경우가 문제다. 그런 것을 해결하기 위한 것이 바로 이것이다.

-독경

1) 부분적 독경

스타링크가 됨은 이게 진정한 의미의 독경이다. 어떤 이가 부분적으로 구현된 것을 가지고 씨름하고 있다면 그것은 허둥지둥적 독경 또는 부분적 독경이라고 할 수 있다.

2) 보조도구 없이 되어야 제대로의 독경이고 스타링크

녹음 테입 같은 보조도구 없이 되어야 하는 게 제대로의 독경이다. 즉 완전히 뇌의 활동만으로 되어야 하는 게 완벽한 의미에서의 독경이다.

3) 수도승 비슷하게

독경이 되면 진짜로 수도승이고 그가 써내는 게 거의 준경전에 이르는 그야말로 크리스천 서점에 나오는 것들이다.

도 서 명: 외움의 상법-회사 설립 등을 바탕으로
저   자: 자격증수험연구회
초판발행: 2025년 07월 25일
발   행: 수학연구사
발 행 인: 박기혁
등록번호: 제2020-000030호
주   소: 서울특별시 영등포구 버드나루로 130 1층 104호(당산동, 강변래미안)
Tel.(02) 535-4960 Fax.(02)3473-1469

Email. kyoceram@naver.com

수학연구사 Book List

9001 고1,고2 내신 수학은 따라가지만 모의고사는 망치는 학생의 수학 문제 해결법
저자 수학연구소 / 19,500

9002 이공계 은퇴자와 강사를 위한 수학 과학 학습상담센터 사업계획 가이드
저자 수학연구소 / 19,500

9003 고3 재수생 수능 수학 만점, 양치기를 어떻게 바라보고 극복할 것인가
저자 수학연구소 / 19,500

9004 대학생들이 세상에서 가장 효율적으로 일본어를 정복하는 방법
저자 최단시간일본어연구회 / 19,500

9005 프랑스어를 꼭 공부해야 하는 대학생들이 쉽게 어려운 단어를 외우는 방법
저자 최단시간프랑스어연구회 / 19,500

9006 중국어를 빠르게 배우고 싶은 해외 파견 공무원들을 위한 책
저자 최단시간중국어연구회 / 19,500

9007 변리사들이 효율성 높게 일본어를 익히는 법
저자 변리사실무연구회 / 19,500

9008 세무사가 업무상 필요한 일본어 청취를 빠르게 습득하는 법
저자 세무사실무연구회 / 19,500

9009 심리상담사가 프랑스어 단어를 빠르게 익히는 방법
저자 상담심리실무연구회 / 19,500

9010 업무용 일본어 듣기의 효율성을 높이는 법: 해외파견공무원용
저자 공무원실무연구회 / 19,500

9011 관세사들이 스페인어 단어를 쉽고 빠르게 외우는 법
저자 관세사실무연구회 / 19,500

9012 스페인어 리스닝을 쉽게 하는 법: 해외파견금융기관직원을 위한 책
저자 금융실무연구회 / 19,500

9013 관사세가 알면 좋을 프랑스어 단어를 효율적으로 외우는 법
저자 관세사실무연구회 / 19,500

9014 법조인이 알면 좋을 스페인어 단어를 빠르게 익히는 법
저자 법조인실무연구회 / 19,500

9015 법조인이 알면 좋을 스페인어 단어를 빠르게 익히는 법
저자 법조인실무연구회 / 19,500

9016 미용 뷰티업계에서 알면 좋을 이탈리아어 단어 빠르게 외우는 법
저자 뷰티실무연구회 / 19,500

9017 간호대학생과 간호사 의학용어시험 만점! 심장순환계통단어 암기법
저자 의학수험연구회 / 19,500

9018 항공공항업계에서 알면 좋을 스페인어 단어 스피드 암기법
저자 항공공항실무연구회 / 19,500

9019 약사와 약대생을 위한 의학용어 만점암기법_ 심장순환계와 근육계
저자 의학수험연구회 / 19,500

9020 한의사와 한의대생을 위한 양의학용어 암기법_ 호흡기와 감각기
저자 의학수험연구회 / 19,500

9021 의료변호사를 위한 의학용어 암기법_ 소화기와 비뇨기
저자 의학수험연구회 / 19,500

9022 건강보험공단 직원과 취준생을 위한 의학용어 암기법_ 감각기와 호흡기
저자 의학수험연구회 / 19,500

9023 간호사 국가고시 합격기간 단축하기_ 1교시 성인간호, 모성간호
저자 의학수험연구회 / 19,500

9024 건강보험공단 직원과 취준생을 위한 의학용어 암기법_ 감각기와 호흡기
저자 의학수험연구회 / 19,500

9025 수의사와 수의대생을 위한 의학용어 암기법_ 근골격계와 심장순환계
저자 의학수험연구회 / 19,500

9026 식품위생직, 식품기사 시험을 위한 식품미생물 점수 쉽게 따기
저자 식품위생연구회 / 19,500

9027 영양사 시험 스피드 합격비법_ 1교시 영양학, 생화학, 생리학 중심
저자 영양사시험연구회 / 19,500

9028 영양사 시험 스피드 합격비법_ 2교시 식품학, 식품위생 중심
저자 영양사시험연구회 / 19,500

9029 6급 기관사 해기사 자격 시험 스피드 합격비법
저자 해기사시험연구회 / 19,500

9030 재배학개론 농업직 공무원시험 스피드 합격비법
저자 공무원시험연구회 / 19,500

9031 식용작물학 농업직 공무원시험 스피드 합격비법
저자 공무원시험연구회 / 19,500

9032 수능 지구과학1 입체적 이해로 만점 받기
저자 수능시험연구회 / 19,500

9033 건축구조 건축직 공무원 시험 교과서 술술 읽히게 하는 책
저자 공무원시험연구회 / 19,500

9034 위생관계법규 조문과 오엑스 조리직 공무원시험
저자 공무원시험연구회 / 19,500

9035 자동차구조원리 운전직 공무원 시험 교과서 술술 읽히게 하는 책
저자 공무원시험연구회 / 19,500

9036 수의사와 수의대생을 위한 의학용어_ 암기법 소화기와 비뇨기
저자 의학수험연구회 / 19,500

9037 도로교통사고 감정사 1차 시험 교과서 술술 읽히게 하는 책
저자 자격증수험연구회 / 19,500

9038 위험물산업기사 필기시험 교과서 술술 읽히고 암기되게 하는 책
저자 자격증수험연구회 / 19,500

9039 소방관계법규 조문과 오엑스 소방직 공무원시험
저자 공무원시험연구회 / 19,500

9040 양장기능사 필기시험 교과서 술술 읽히고 암기되게 하는 책
저자 자격증수험연구회 / 19,500

9041 섬유공학 패션의류 전공자가 섬유가공학 술술 읽고 학점도 잘 받게 해주는 책
저자 섬유공학패션연구회 / 19,500

9042 의류복식사 술술 읽고 학점 잘 받게 해주는 섬유공학 패션의류 전공자를 위한 책
저자 섬유공학패션연구회 / 19,500

9043 반도체장비유지보수 기능사 필기 교과서 술술 읽히고 암기되게 하는 책
저자 자격증수험연구회 / 19,500

9044 4급 항해사 해기사 자격 수험서 술술 읽히고 암기되게 하는 책
저자 자격증수험연구회 / 19,500

9045 접착 계면산업 관련 논문 특허자료 술술 읽히고 암기되게 하는 책
저자 접착계면산업연구회 / 19,500

9046 재수삼수 생활로 점수 올려 대입 성공한 이야기
저자 오답노트컨설팅클럽 / 19,500

9047 치위생사 국가시험 수험서 술술 읽히고 암기되게 하는 책
저자 자격증수험연구회 / 19,500

9048 치위생사 국가시험 수험서 술술 읽히고 암기되게 하는 책_ 2교시 임상치위생처치 등
저자 자격증수험연구회 / 19,500

9049 가스산업기사 필기시험 수험서 술술 읽히고 암기되게 하는 책
저자 자격증수험연구회 / 19,500

9050 응급구조사 1,2급 시험 수험서 술술 읽히고 암기되게 하는 책
저자 자격증수험연구회 / 19,500

수학연구사 Book List

9051 떡제조기능사 시험 수험서 술술 읽히고 암기되게 하는 책
저자 자격증수험연구회 / 19,500

9052 임상병리사 시험 수험서 술술 읽히고 암기되게 하는 책
저자 자격증수험연구회 / 19,500

9053 의료관계법규 4대법 조문과 오엑스 뽀개기 의료기술직 공무원시험
저자 공무원시험연구회 / 19,500

9054 간호학 전공자가 간호미생물학 술술 읽고 학점도 잘 받게 해주는 책
저자 간호학연구회 / 19,500

9055 간호사 국가고시 합격기간 단축하기_ 2교시 아동간호, 정신간호 등
저자 의학수험연구회 / 19,500

9056 도로교통법규 조문과 오엑스 뽀개기 운전직 공무원시험
저자 공무원시험연구회 / 19,500

9057 전기공학부생들이 시험 잘 보고 학점 잘 따는 법
저자 기술튜터토니 / 19,500

9058 간호대학생들이 약리학을 쉽게 습득하는 학습법
저자 간호학연구회 / 19,500

9059 의치대를 목표하는 초등생자녀 이렇게 책 읽고 시험 보게 하라
저자 의치대보낸부모들 / 19,500

9060 지적관계법규 조문과 오엑스 뽀개기 지적직 공무원시험
저자 공무원시험연구회 / 19,500

9061 방송통신대 법학과 학생이 학점 잘 받게 공부하는 법
저자 법학수험연구회 / 19,500

9062 공인중개사 1차 시험 쉽게 합격하는 학습법
저자 법학수험연구회 / 19,500

9063 기술직 공무원 시험 쉽게 합격하는 학습법
저자 공무원시험연구회 / 19,500

9064 독학사 간호과정 공부 쉽게 마스터하기
저자 간호학연구회 / 19,500

9065 주택관리사 시험 빠르게 붙는 방법과 노하우
저자 자격증수험연구회 / 19,500

9066 비로스쿨 법학과 대학생들을 위한 공부 방법론
저자 법학수험연구회 / 19,500

9067 기술지도사 필기시험 빠르고 쉽게 합격하는 학습법
저자 자격증수험연구회 / 19,500

9068 감정평가사 시험 스트레스 낮추고 빠르게 최종 합격하는 길
저자 자격증수험연구회 / 19,500

9069 의무기록사 시험 합격을 위한 의학용어 암기법_ 순환계와 근골계
저자 의학수험연구회 / 19,500

9070 의무기록사 시험 합격을 위한 의학용어 암기법_ 소화기와 비뇨기
저자 의학수험연구회 / 19,500

9071 감정평가사 2차 합격을 위한 서브노트의 필요성 논의와 공부법
저자 자격증수험연구회 / 19,500

9072 감정평가사 민법총칙 최단시간 공부법과 문제풀이법
저자 자격증수험연구회 / 19,500

9073 게임 IT업계 직원이 영어를 빠르게 듣고 말할 수 있는 방법
저자 최단시간영어연구회 / 19,500

9074 IT 게임업계 직원이 효율적으로 빠르게 일본어를 습득하는 법
저자 최단시간일본어연구회 / 19,500

9075 게임회사 IT업계 직원이 프랑스어 단어를 빨리 익히는 법
저자 최단시간프랑스어연구회 / 19,500

9076 경영지도사가 빠르고 효율적으로 중국어를 배우는 법
저자 최단시간중국어연구회 / 19,500

9077 유튜버가 일본어 청취를 빠르게 익히는 방법
저자 최단시간일본어연구회 / 19,500

9078 법조인들이 알면 좋을 프랑스어 단어를 빠르게 익히는 법
저자 최단시간프랑스어연구회 / 19,500

9079 경영지도사에게 필요한 스페인어 단어 빠르게 익히기
저자 최단시간스페인어연구회 / 19,500

9080 일본 JLPT N4, N5 최단시간에 합격하는 법
저자 최단시간일본어연구회 / 19,500

9081 관세사에게 필요한 이탈리아어 단어 빠르게 익히기
저자 최단시간외국어연구회 / 19,500

9082 일본 관련 사업을 하는 중개사를 위한 효율적인 일본어 듣기법
저자 최단시간외국어연구회 / 19,500

9083 일본 취업 준비생을 위한 일본어 리스닝과 단어 실력 빠르게 올리는 방법
저자 최단시간외국어연구회 / 19,500

9084 관세사에게 필요한 중국어 빠르게 습득하는 법
저자 최단시간외국어연구회 / 19,500

9085 누적과 예측을 통한 영어 말하기와 듣기 해답_ 해외진출자를 위한 책
저자 최단시간외국어연구회 / 19,500

9086 스페인어를 공부해야 하는 대학생들이 빠르게 단어를 숙지하는 법
저자 최단시간외국어연구회 / 19,500

9087 취업 준비 대학생은 인생 자격증으로 공인중개사 시험에 도전하라
저자 자격증수험연구회 / 19,500

9088 고경력 은퇴자에게 공인중개사 시험을 강력 추천하는 이유와 방법론
저자 자격증수험연구회 / 19,500

9089 효율적인 4개 국어 학습법과 외국어 실력 올리는 방법
저자 최단시간외국어연구회 / 19,500

9090 여성들의 미래대안 공인중개사 시험 도전에 필요한 공부 가이드
저자 자격증수험연구회 / 19,500

9091 해외파견근무직원들이 이탈리아어 단어 빠르게 익히는 방법
저자 최단시간외국어연구회 / 19,500

9092 영어 귀가 뻥 뚫리는 리스닝 훈련법
저자 최단시간외국어연구회 / 19,500

9093 열성아빠를 위한 민사고 졸업생의 생활팁과 우수 공부비법
저자 교육연구회 / 19,500

9094 유초등 아이 키우는 열정할머니를 위한 민사고 생활팁과 공부가이드
저자 교육연구회 / 19,500

9095 심리상담사가 일본어를 쉽게 배울 수 있는 노하우와 팁
저자 최단시간외국어연구회 / 19,500

9096 법조인을 위한 들리는 소리에 집중하는 외국어 리스닝과 단어 훈련법
저자 최단시간외국어연구회 / 19,500

9097 관세사를 위한 문법 상관없이 받아 듣고 적는 외국어 학습법
저자 최단시간외국어연구회 / 19,500

9098 민사고에 진학할 똑똑한 중학생을 위한 민사고 공부팁과 인생 이야기
저자 교육연구회 / 19,500

9099 해외파견근무직원들을 위한 프랑스어 단어 쉽게 배우기
저자 최단시간외국어연구회 / 19,500

9100 해외파견근무직원들이 일본어를 쉽고 빠르게 공부하는 방법
저자 최단시간외국어연구회 / 19,500

수학연구사 Book List

9101 대학생들이 이탈리아어 단어 쉽고 빠르게 익히는 법
저자 최단시간외국어연구회 / 19,500

9102 뷰티 화장품 업계에서 알면 좋을 스페인어 단어 쉽게 익히기
저자 최단시간외국어연구회 / 19,500

9103 민사고 진학에 갈등을 느끼는 딸바보 아빠를 위한 인생 조언과 공부법
저자 교육연구회 / 19,500

9104 유튜버를 위한 영어 리스닝과 스피킹 실력 빠르게 올리는 법
저자 최단시간외국어연구회 / 19,500

9105 해외파견직들을 위한 문법 없이 어학 공부하는 방법
저자 최단시간외국어연구회 / 19,500

9106 변리사가 프랑스어 단어를 쉽고 빠르게 배우는 법
저자 최단시간외국어연구회 / 19,500

9107 법조인이 알면 좋을 중국어 스피드 습득법
저자 최단시간외국어연구회 / 19,500

9108 임용고시 합격하려면 고시 노장처럼 공부하지 마라
저자 임용고시연구회 / 19,500

9109 임용고시 합격을 위한 조언_ 공부로 생긴 스트레스 공부로 풀어라
저자 임용고시연구회 / 19,500

9110 가맹거래사 시험 법학에 자신이 없는 사람들이 꼭 봐야 할 합격법
저자 자격증수험연구회 / 19,500

9111 가맹거래사 책이 쉽게 이해되지 않는 사람들을 위한 수험전략 가이드
저자 자격증수험연구회 / 19,500

9112 항공 및 공항 업계에서 알면 좋을 이탈리아어 단어 효율 암기법
저자 최단시간외국어연구회 / 19,500

9113 은퇴자를 위한 외국인과 만나는 게 즐거운 영어 리스닝 방법
저자 최단시간외국어연구회 / 19,500

9114 항공과 공항업계인을 위한 일본어 듣기와 단어 청크 단위 학습법
저자 최단시간외국어연구회 / 19,500

9115 유튜버가 프랑스어 단어에 쉽게 접근하고 익히는 법
저자 최단시간외국어연구회 / 19,500

9116 대학생이 필요한 스페인어 청취를 빠르게 습득하는 법
저자 최단시간외국어연구회 / 19,500

9117 해외파견직들을 위한 스페인어 단어 스피드 학습법
저자 최단시간외국어연구회 / 19,500

9118 관세사를 위한 직청직해 소리단어장 다국어 훈련법
저자 최단시간외국어연구회 / 19,500

9119 경비지도사 처음 도전하는 사람들이 꼭 알아야 할 시험 접근법
저자 자격증수험연구회 / 19,500

9120 유튜버가 이탈리아어 단어 효율적으로 익히는 방법
저자 최단시간외국어연구회 / 19,500

9121 관세사가 빠르고 쉽게 일본어 실력 올리는 법
저자 최단시간외국어연구회 / 19,500

9122 영어가 부족한 법조인을 위한 리스닝과 스피킹 효율 학습법
저자 최단시간외국어연구회 / 19,500

9123 미용 뷰티업계에서 알면 좋을 일본어 쉽게 접근하는 법
저자 최단시간외국어연구회 / 19,500

9124 대학생을 위한 외국어 공부법_ 문법은 버리고 소리에 집중하자
저자 최단시간외국어연구회 / 19,500

9125 심리상담사가 스페인어 단어를 효율적으로 배우는 방법
저자 최단시간외국어연구회 / 19,500

9126 대학생을 위한 다양한 외국어 쉽게 접근하게 해주는 가이드
저자 최단시간외국어연구회 / 19,500